당신은 진짜
새로운 피조물인가

국립중앙도서관 출판예정도서목록(CIP)

당신은 진짜 새로운 피조물인가 / 지은이: 존 넬슨 다비 외 ; 엮은이: 이종수. -- [서울] : 형제들의집, 2015
      p. ;   cm

원저자명: John Nelson Darby
영어 원작을 한국어로 번역
ISBN 978-89-93141-73-3 03230 : ₩12000

기독교[基督敎]
구원론[救援論]

231.4-KDC6
234-DDC23   CIP2015014811

당신은 진짜
새로운 피조물인가

존 넬슨 다비 외 지음 | 이종수 엮음

형제들의 집

차 례

엮은이 서문... 8

제 1장. 그리스도 안에서 이루어진 새로운 창조............ 13

by J. G. 벨렛

사람의 손에 맡겨진 옛 창조, 구속의 필요 - 죄가 세상에 들어오다, 의와 생명을 통한 은혜 역사의 시작, 죄와 사망의 통치권을 깨드려버린 십자가, 육신의 종말을 가져다준 십자가, 부활을 통해서 새롭게 열리게 된 새 세상, 율법에 관해서 흠이 없는 사람이 하나님의 교회를 박해했던 아이러니, 육신을 배격하신 주 예수님, 절대적으로 필요한 육신의 죽음, 율법의 열심인가 성령의 열심인가, 죄와 율법의 지배에서 벗어나는 길, 거듭났지만 육신 가운데 사는 사람에게 작용하는 율법의 기능, 하나님의 백성을 성화시키는 하나님의 방법과 규례, 하나님의 영광의 행진, 모든 복은 하나님에게서 나온다, 성령의 계시를 통해서 이르게 되는 하나님을 아는 지식, 진정한 구속의 의미, 구속에 대한 특별한 계시를 담고 있는 레위기 25장, 황소와 염소의 피 vs. 예수 그리스도의 피, 당신의 양심은 평안을 맛보았는가, 구속을 위해서 지불된 값의 적정성에 대한 성경의 증언, 성경에서 말하고 있는 구속의 성격, 우리의 근족이신 주 예수님께서 이루신 일, 우리의 구속자 예수 그리스도, 창세로부터 주어진 여자의 후손에 대한 하나님의 약속, 새로운 원천 새로운 생명의 통로이신 예수님, 그리스도와 연합을 이룬 사람들이 새로운 피조물이다, 성령의 내주와 새로운 피조물의 세계, 새 일을 세상에 창조하는 것, 하나님의 섭리의 중심에 있는 부활, 새로운 피조물의 머리이신 예수 그리스도, 부활을 유일한 목표와 자원으로 삼으라, 부활과 연결된 성령님의 마음, 더 큰 영광이 우리 앞에 있다, 새로운 피조물이 되는 것이 바울 복음의 핵심이다

제 2장. 새로운 창조의 목적.. 77

by 윌리엄 C. 레이드

옛 창조의 파멸, 옛 세상의 사라짐: 새로운 세상의 시작, 옛 창조의 파멸 상태에서 일하시는 하나님의 역사, 영광의 그릇을 준비하는 일을 하시는 하나님의 역사, 증거의 그릇들을 준비하는 일을 하시는 하나님의 역사, 육신과 새로운 피조물의 관계, 옛 것은 지나가고 모든 것이 새롭게 되었다, 화목과 새로운 피조물, 그리스도 안에 있는 한 사람, 새 사람 그리고 새로운 피조물, 새 사람 그리고 새 사람의 증거, 새로운 피조물의 목적, 새로운 피조물의 규례

제 3장. 칭의와 구분되는 새로운 피조물....................... 93

by 윌리엄 R. 드론스필드

시대를 따라 달리 역사하시는 하나님, 칭의와 그리스도 안에 있는 사람이 되는 것은 별개이다, 그리스도 안에 있는 사람이 되는 것

제 4장. 새로운 피조물의 복과 범위 111

by 윌리암 켈리

요단강의 의미, 로마서의 두 가지 주제, 에베소서의 주제, 영적 해방은 새로운 피조물로 가는 관문이다, 그리스도의 죽음이 지향하는 두 가지 결론, 새로운 피조물은 영적 실체를 가지고 있기에, 도덕성의 승격을 동반한다, 새로운 피조물이 되었다는 초월적 감각을 느껴본 적이 있는가, 진정 가치 있는 것은 새로운 피조물 뿐이다, 새로운 피조물이 된 사람의 삶, 새로운 피조물의 머리와 중심이신 그리스도

제 5장. 새로운 피조물로 사는 기쁨 137

by 존 넬슨 다비

이제 새로운 피조물이다, 바울 새로운 능력에 사로잡힌 삶을 살다, 새로운 피조물로 사는 기쁨과 행복, 예수 죽으신 것을 짊어지고 살라

제 6장. 새로운 피조물이 시작되는 지점........ 149

by 존 넬슨 다비

우리의 모든 것 되신 그리스도, 그리스도와 함께 살리심을 받을 때 새로운 자리로 들어간다, 그리스도인은 죽는 것으로 새로운 삶을 시작한다, 그리스도께서 계신 천상세계에서의 삶을 살라, 그리스도께서 우리 마음에 거하시게 하라, 우리는 그리스도 안에 있는 자로서 완전하다, 육적 몸을 벗음으로써 육신의 낮은 상태에서 벗어나라, 새로운 피조물로서 옛 사람을 대하는 방식, 새로운 피조물이 시작되는 지점, 새로운 피조물이 되는 것이 진정한 기독교이다, 새로운 피조물은 어디서 만족을 얻는가

제 7장. 새로운 피조물이 된 사람의 탄식..................... 175

by 존 넬슨 다비

하나님의 임재가 주는 영혼의 안식, 은혜를 아는 지식, 그리스도와 연합을 이룬 사람의 슬픔과 탄식, 로마서 8장의 영혼의 탄식, 로마서 7장의 영혼의 탄식, 진실한 이성의 작용이 있는가?, 은혜의 광대함의 끝, 자신을 둘러싼 옛 창조의 상태 때문에 더욱 깊은 탄식을 느낄 수밖에 없는 새로운 피조물이 된 사람, 하나님만을 의지하라, 그리스도만을 바라보라

엮은이 서문

하늘의 삶이 현재를 관통하는 실재적인 삶으로의 초대

　그리스도인의 삶은 신령한 사람의 삶이고, 그리스도화된 사람의 삶이며, 하늘의 삶이 현재를 관통하는 실재를 가진 삶이다. 그래서 성경은 그리스도인을 "그리스도 안에서 새로운 피조물이 된 사람"으로 정의하고 있다.

　그렇다면 우리는 어째서 명목상 그리스도인이란 이름만을 부여잡고서 옛 창조세계에 부대껴 전전긍긍하며 살아가는가? 도대체 새로운 피조물로서의 모습과 면모는 어디에 있는가? 어째서 우리에게선 죽음과 사망을 뚫고 나오는 부활의 능력과 광채를 볼 수 없는 것인가?

　오늘날 우리의 신앙은 옛 창조세계의 비굴함 속에 함몰되어 있다. 세상이 가자는 방향으로, 도도히 흐르는 세상의 조류를 따라 무기력하게 흘러 떠내려가면서도, 모로 가도 하늘나라만 가면 된다는 나약한 신앙을 칭송하는 노래만을 부르고 있다. 성경적인 신앙이 아니라, 오히려 반성경적인 신앙이 대세다. 그 결과 제자도가 없는 구원, 성화가 없는 구원, 예수님의 주인 되심이 없는 구원이 세상을 덮고 있다. 옛 사람, 옛 본성, 그리고 육신으로 살면서 무기력한 영성으로 고통을 받고 있다. 옛 창조에서 벗어나야 한다.

반면 초대교회 성도들은 그리스도화된 사람이라는 뜻으로 그리스도인으로 불렸다. "제자들이 안디옥에서 **비로소** 그리스도인이라 일컬음을 받게 되었더라."(행 11:26) 그리스도인이란 이름은 단순히 별명이 아니었다. 초대교회 성도들은 예수님을 자신의 구주와 주님으로 영접한 후, 그 주님을 따르는 사람들이란 뜻으로 제자의 삶을 살았고, 제자의 길을 걸었다. 그리고 마침내 하나님께서는 그들에게 그리스도화된 사람이란 뜻으로 그리스도인이란 이름을 주셨다. 얼마나 하나님은 그들에게 이 이름을 주고 싶어 하셨던가? 그들에겐 무언가 혁명적인 일이 일어난 것이었다. 과연 그들에게 무슨 일이 일어난 것일까? 바로 그리스도와의 연합의 진리를 통해서 새로운 피조물이 되었던 것이다.

오늘날 우리와 그들의 차이점은 무엇인가? 우리는 천당 가는 티켓을 얻는 것으로 만족했고, 거기서 영적 추구를 멈추었으며, 그 결과 여전히 옛 피조물 상태로 살아간다. 반면 그들은 예수를 구주와 주님으로 믿었고, 그리스도를 닮기를 추구했고, 마침내 영적 해방과 그리스도와의 연합의 진리를 통해서 새로운 피조물이 되었다. 그래서 하나님은 너무도 기뻐서 그들에게 그리스도화된 사람들이란 이름을 주셨다.

그렇다면 우리에겐 무엇이 문제인가? 오늘날 전해지는 복음은 그리스도 안에서 새로운 피조물이 되는 것이 아니라, 그저 천당 가게 해주는 것으로 소임이 끝나는 것이 문제이다. 순전히 반쪽짜리 복음인 것이다. 우리가 진실한 마음으로 복음서를 들여다보기만 해도, 거듭남과 죄 사함 이후에 제자도가 강조되고 있는 것을 볼 수 있다. 제자도가 없는 사람, 말씀의 순종과 실천이 없는 사람, 예수님을 끝까지 따르지 않는 사람에겐 (그들이 진짜 거듭난 사람이라는 전제 아래) 부끄러운 구원이 기다리고 있다(막 8:38, 고전 3:15, 요일 2:28, 계 16:15). 반면 예수님을 구주와 주님으로 믿고, 신실하게 제자의 삶을 살며 그리스도로 사는 사람들에겐 더 큰 구원이 있으며, 더 큰 영광이 있다(고전 15:41, 딤후 2:10, 4:8). 그렇다면 구원의 입문은 동일하지만, 구원의 결국은 다른 것이다.

마틴 루터는 이렇게 말했다. "우리는 구원받은 죄인이다." 그래서 일체 행함을 부정했고, 성화의 삶에 실패했다.

존 칼빈은 이렇게 말했다. "우리는 구원받은 성도이다." 그래서 율법을 강조했고, 율법주의에 빠져 성화의 삶에 실패했다.

존 넬슨 다비는 이렇게 말했다. "우리는 구원받은 그리스도인이다." 그래서 새로운 피조물이 되는 길을 열었고, 성화의 삶을 가능케 했다.

이 책은 구원받은 이후 성화의 삶을 가능케 하는 길이 무엇인지를 탐구하는 책이다. 성화의 삶은 우리 자신의 의지와 노력으로 가능하지 않다. 그래서 나약한 나는 그리스도와 함께 십자가에 못박고, 새로운 피조물이 되어야 한다. 그렇다면 바라고 소원하는 대로 성화의 삶을 살게 될 것이며, 더욱 영광스러운 구원으로 나아가게 될 것이다.

이 책은 하늘의 삶이 현재를 관통하는 실재적인 삶으로 초대하는 책이다. 더욱 영광스러운 구원, 더 큰 구원으로 가는 길을 열어주는 책이다. 더 이상 옛 창조에 속한 옛 사람으로 사는 삶이 아닌, 새 창조에 속한 새 사람으로 사는 삶을 가능케 해주는 책이다. 이름 뿐인 그리스도인으로서의 삶을 접고, 새로운 피조물로서 그리스도인의 삶을 살아갈 수 있는 원동력이 이 책에 있다. 이제 이 책을 읽고, 옛 피조물이 아닌 새로운 피조물로 살아가라. 영광스러운 구원으로 한 걸음 나아가는 은혜가 있기를 빈다.

엮은이 이 종 수

"누구든지 그리스도 안에 있으면 새로운 피조물이라 이전 것은 지나갔으니 보라 새 것이 되었도다" (고후 5:17)

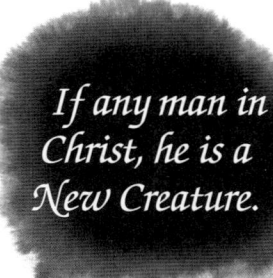

If any man in Christ, he is a New Creature.

제 1장 그리스도 안에서 이루어진 새로운 창조

by J. G. 벨렛

사람의 손에 맡겨진 옛 창조

하나님 안에는 창조의 역사 보다 더 중요하고 더 고결한 역사가 있다. 창조는 하나님 손의 작품이고, 하나님의 권능과 신성을 전시(展示)하고 있었지만, 어떤 의미에선, 사람의 처분에 맡겨진 것이기도 했다. 따라서 창조의 상태는 사람의 충성 또는 반역에 의존되어 있었다. 하지만 창세 전에 하나님의 경륜 가운데 미리 정해진 또 다른 역사가 있었는데, 때가 차면 성취될 것이었고, 하나님께서 친히 그 역사에 참여하실 것이므로 결코 실패할 수 없는 역사였다. 이러한 하나님의 목적과 역사는, 하나님과 함께 계셨고 또한 하나님이신 말씀(the Word) 속에 미리 계획되었고, 말씀을 통해서 성취될 것이 작정되었다. 창세기의 시작 부분에서는 창조의 역사를 보여주며, 또한 창조가 사람에게 맡겨졌음을 알려준다. 요한복음의 시작 부분에서는 창세 전에 계셨던 말씀을 보여주며, 그 말씀이신 분에 의해서 그 역사가 완성되었음을 알려준다. 하나님 자신과 그분의 역사를 보는 즐거움은 얼마나 복된 일인가! 더 진행하기 전에 우리 영혼이 이러한 것들을 잠시 묵상하는 시간을 가지면 좋을듯하다! 우리 영혼이 사람과 사람의 일들로 인해서, 세상과 세상의 공허함으로 인해서 지쳐있을 때 이런 시간을 가지는 것은 얼마나 감사한 일인지 모른다. 그리하면 생명수가, 이를 테면, 우리의 배에서 흘러나오게 될 것이다. 그러한 것이 성도가 모든 일을 내려놓고 고요히 하나님과 그 말씀 앞에 앉을 때, 그 영혼 속에서 일어나는 성령의 활동인 것이다.

구속의 필요 - '죄'가 세상에 들어오다

이제 나는 성경에서 말하는 구속(救贖)의 역사 또는 새로운 피조물에 관한 말씀을 묵상해봄으로써, 그러한 영혼의 작용을 함께 경험할 수 있다고 확신한다. 하지만 이 일은 성경을 그저 지성에 의한 노력으로 탐구한다고 해서 되는 것이 아니라, 오히려 인간적인 노력은 배제하고 하나님의 말씀과 성령님이 이끄시는 대로 진행해나갈 때 가능하다는 사실을 늘 염두에 두어야 한다. 분명 근면한 성경학도의 영혼은 배부를 것이란 사실에 기초해서, 바울이 디모데에게 부끄러울 것이 없는 일꾼으로 인정받고자 하는 사람은 말씀을 묵상하고 연구하는 일을 게을리 하지 말도록 조언했다는 사실을 기억하기 바란다(딤후 2:15).

이제 새로운 피조물에 대한 묵상을 시작해보자. 하지만 우선적으로 죄란 주제를 다룰 필요가 있다. 바울은 로마서 5장과 6장에서 매우 생동감 있으면서도 강렬한 필체로 죄(sin) 문제를 다루었다. 그는 죄를, 이를테면, 삶과 직분의 문제로 풀고 있다. 즉 죄(sin)를 하나의 인격체로, 그리고 왕 같은 존재로 다루고 있는 것이다. 그는 우리에게 죄가 사람의 불순종으로 인해서 이 세상에 들어온 것으로 보여주고 있다. 세상에 들어오자마자 즉시 권좌를 차지해버렸고, 사망이 세상 나라를 향해 권세를 부리고, 세상 나라를 죽음의 세상으로 만들어버렸다.

의와 생명을 통한 은혜 역사의 시작

이것이 바로 "이 악한 세상"(갈 1:4)의 진면목이다. 세상은 죄와 사망이 통치하는 장소 또는 영역이며, 그 영향력 아래 있지 않은 것이란 없다. 이처럼 무시무시한 죄가 세상에 들어왔고, 그러한 효력이 이 세상을 장악하고 있는 죄의 현재적 능력이다. 하지만 동일한 세상에서 또 다른 활동이 시작되었는데, 곧 사도 바울이 우리에게 보여주고자 하는 것으로써, 바로 하나님 은혜의 역사이다. 사람의 불순종이 죄의 존재와 통치의 원천이 되었던 것처럼, 이제 하나님의 은혜가 새로운 원천으로 제시되고 있다. 그리스도로 말미암은 이 은혜는, 아담 안에 있는 불순종이 죄와 사망을 향해 문을 열어주었던 것처럼, 의(義)와 생명을 통해서 이 세상에 들어오게 되었다. 사도 바울은 우리에게 은혜가 세상에 들어온 이래, 의(義)는 죄의 권세가 역사한 것 이상으로 역사하고 있다는 사실을 보여주고 있다. 왜냐하면 죄는 하나의 범죄로 인해 들어왔지만, 의(義)는 그 한 사람의 발자취를 따르는 무수히 많은 범죄들을 정결케 하는 역사를 하고 있으며, 게다가 의(義)는 지금 세상에서 의로 통치하는 하나님 나라의 핵심을 이루고 있기 때문이다. 생명은, 사망과 마찬가지로 지금 활동하고 있지만, 사망과 마찬가지로 눈에 보이지 않게 역사하고 있다. 죄의 통치는 충분히 느낄 수 있는 것일 뿐만 아니라, 사망의 권세 또한 온 세상에서 목격되고 있다. 의(義)로 인해서 생명을 가져다준 의의 통치는 오직 믿음을 가진 사람에게만 알려진다. 그럼에도 은혜는 큰 승리를 거두고 있다. 은혜는 선물의 형태로 주어지며, 예수로 말미암는 의(義)를 통해서 신자를 확고부동한 신분에 서게 해주는데, 이 은혜야말로 죄와 사망의 권세 보다 더 큰 힘과 권세를 가지고 있다. 그렇다면 은혜는 어떻게 임하는 것인가? 은혜는 어떻게 자신의 소임을 다할 수 있는 것인가? 어떻게 의와 생명은 죄가 사망에 이르도록 다스리는 곳에 들어와, 그처럼 다스릴 수 있는 권세를 가질 수 있는 것인가? 우리의 사도는 이에 대해서 희생제물이 은혜로 말미암아 준비되었고, 죄가 요구하는 모든 것을 다 청산했다고 말한다. 죄가 사망 안에서 왕 노릇했다. 사망은 죄의 제국을 보호하는 기사였다. 죄는 사망을 통해서 자신의 권세를 행사했던 것이다. 그리고 이제 하나님의 아들이신 예수님은 자신의 권세를 가지고 있다. 예수님은 "죄에 대하여" 죽으셨다(롬 6:10). 그리고 죄의 형벌을 받으셨다. 하나님은 자신을 떠난 사람이 지불해야 하는 모든 삯을 다 받으셨다. 하나님은 아담에게 "네가 먹는 날에는 정녕 죽으리라"(창 2:17)고 말씀하셨다. 하지만 사람은 선악과를 먹었고, 예스님은 그 죄에 대한 대가를 지불하는 죽음을 죽으셨다. 예수님은 자신의 권리를 가지고 계셨지만, 그 모든 권리를 죄에 대한 벌금으로 내놓으셨다. 예수님은 자신의 죽음을 통해서 죄 문제를 그렇게 해결하셨다. 예수님은 죄의 통치 아래 그렇게 자기 목숨을 내어놓기까지 굴복하심으로써 합법적으로 죄 문제를 해결하신 것이다. 이 모든 일을 하실 때, 예수님은 살아계신 하나님의 아들이셨다. 예수님은 자기 속에 생명을 가진 분이셨고, 그 생명은 아담의 불순종이 아무 효력을 미칠 수 없는 생명이었다. 게다가 주 예수님은 죄의 타격이 미치는 않는 삶을 사셨고, 사망의 권세를 잡은 사탄을 멸망시키셨다. 그 결과 오직 주님만이 통치하실 수 있는 의와 생명의 나라를 이 땅에 가져오셨으며, 지금 믿음에 의해서 주님의 승리를 기뻐하는 모든 사람들과 더불어 장차 그 나라를 통치하실 것이다.

죄와 사망의 통치권을 깨뜨려버린 십자가

이제 죄와 사망의 통치권은 무너졌다. 살아계신 하나님의 아들께서 죄의 권세가 다스리던 그 영역에 자신의 지배권과 통치권을 세우셨다. 죄(sin)가 사망을 통해서 왕 노릇했기에, 그리스도는 십자가에서 죽기까지 순종하셨다. 그 결과 죄 문제는 의(義)로 인해서 해결되었고, 사망은 생명으로 인해서 무력화되었다. 죄가 명령을 내릴 수 있었던 것은 사망이 가진 권세 때문이었는데, 예수님의 죽음에 의해서 무력화되어버린 것이다. 하지만 예수님은 이 모든 것, 즉 죄와 사망이 건드릴 수 없는 그분 속에 있는 생명을 가지고 계셨고, 그 생명과 그 생명에서 흘러나오는 의(義)를 통해서, 장차 자신의 성도들과 더불어 영원히 함께 다스리실 것이다.

따라서 죄는 제거되었다. 죄가 세상에 들어오고 또 세상을 다스렸지만, 이제는 제거되었다. 이제 우리는 죄에 종노릇할 필요가 없다. 왜냐하면 죄에 대하여 죽었기 때문이다. 우리는 하나님의 아들과 연합을 이루고 있기에, 이미 그리스도의 죽음에 연합한 자가 됨으로써 죄에 대하여 죽었다. 그리스도의 부활은 "하나님께 대하여" 살아나신 것이었다. "그의 죽으심은 죄에 대하여 단번에 죽으심이요 그의 살으심은 하나님께 대하여 살으심이다."(롬 6:10) 죽음 뿐만 아니라 부활에도 우리는 그리스도와 함께 연합을 이루고 있기 때문에, 우리는 "하나님께 대하여 살아난" 사람들이다. 이제 우리는 이 사실을 믿음으로 받아들일 뿐만 아니라 그렇게 여겨야 한다. 우리는 우리가 죄에 대하여 죽었고, 우리 옛 사람이 십자가에 못 박혔으며, 우리는 더 이상 죄에 굴복할 필요가 없다는 사실을 알고, 부활하신 하나님의 아들 안에서 우리의 자리를 주장해야 한다. 죄는 우리를 다시금 사로잡고자 애를 쓸 것이지만, 그럼에도 우리는 우리 자신을 이미 죄에 대하여 죽은 자로 여겨야 한다. 게다가 우리는 그리스도 안에서 다시 일으킴을 받은 자로서, 마치 육신과 함께 침몰했지만 그 바닥에서 건져 올려서 다시 재정비된 선박처럼 여겨야 한다. 따라서 죄와는 거리를 두고, 죄로 하여금 그 죄악의 욕심을 따라서 스스로 멸망하도록 내버려두어야 한다. 다만 믿음으로 그리스도 안에 있는 우리의 자리를 주장하고, 육신 가운데 일어나는 모든 정욕에 대해서, "이를 행하는 자가 내가 아니요 내 속에 거하는 죄니라"(롬 7:20)고 선언해야 한다. 죄는, 이미 살펴본 것처럼, 우리를 사망에 이르기까지 다스리는 왕이었다. 사람 몸의 지체를 그 권세의 도구로 사용했다. 하지만 이제 믿음을 가진 사람은 죄를 육체 안에 갇혀 있을 뿐만 아니라, 모든 것을 멸망시킬 구덩이에 빠져 있는 것으로 이해해야 한다.

이제 우리는 육신이 죄와 밀접하게 연결되어 있음을 알게 되었다. 성경은 이 사실을 상당히 많은 분량으로 조명해주고 있기에, 성도는 육신과의 관계가 끝났음을 알 필요가 있다. 우리는 이 사실을 우리의 행실을 통해서 더욱 나타낼 필요가 있다. 이것이 우리 그리스도인의 소명인 것이다.

예수님의 육체가 실제로 할례를 받아야하는 육체에 불과했다면, 또는 예수님은 그저 과거에 살았던 한 유대인에 불과했다면, 유대인과 이방인 사이에 놓인 적대감을 그대로 안고 계셨을 것이다. 하지만 하나님께 인간 본성이 실제적으로 성별 또는 성화된 사람의 아들만이, "의문에 속한 계명의 율법을 자기 육체로" 폐할 수 있는 법이다(엡 2:15). 따라서 자기 속에 이 모든 것으로부터 성화된 육체를 입고 계셨던 예수님은 할례자와 무할례자 사이를 가로 막고 있던 "중간에 막힌 담"을 허물어 버릴 수 있었다.

육신의 종말을 가져다준 십자가

이제 예수님의 육체는, 또는 육체 가운데 계셨던 분은, 이제는 가고 없다. 우리는 육체를 따라서 그리스도를 알지 않는다. 육체 가운데 완전하셨던 그리스도의 완전은 그분을 십자가로 이끄셨고, 그밖에 다른 인격적인 아름다움은 십자가에서 우리를 위하여 죽으시는 값진 죽음에 가치를 더했다. 십자가에 죽으신 이래로, 그리스도의 십자가는 모든 육체의 종말을 의미한다. 그 십자가는 우리를 위하여 서있다. 십자가는 우리 육체에 부과된 죄의 삯을 지불하는 것이었으며, 하나님과 인간 사이를 막고 있던 적대감을 소멸시켰다.

부활을 통해서 새롭게 열리게 된 새 세상

우리는 이제 육체 외에 혹은 너머에 있는 것을 바라보아야 한다. 왜냐하면 지금 그리스도께서는 부활 안에 계시기 때문이다. 따라서 유대인과 이방인은 동등하게, 그리고 함께 하나님께 나아갈 수 있게 되었다. 우리의 화평이신 그리스도는 이 둘로 하나를 만드셨고 중간에 막힌 담을 허셨으며, 이 둘로 자기 안에서 한 새 사람을 지어 화평하게 하셨고, 십자가로 이 둘을 한 몸으로 하나님과 화목하셨으며, 원수 된 것을 십자가로 소멸시키셨다. 그 결과 이 둘로 한 성령 안에서 아버지께 나아갈 수 있게 하신 것이다. 이처럼 "그리스도 예수 안에서 한 새 사람"을 지으시고, 부활하신 그리스도와 하나의 몸을 이루게 하셨는데, 이 "하나의 몸"을 이루게 하신 결과가 바로 새로운 피조물이다. 율법은 육신 속에 무언가 선한 것이 있는지 그렇지 않은지를 알아보고자 주어진 것이었고, 육신에게서 나오는 선한 열매를 하나님께 드리고자 했던 것이었다. 하지만 아무 열매도 볼 수 없었다. 그래서 아들이 오셨고, 육신에게서 아무 선한 것도 기대하지 않으셨으며 다만 속량의 역사를 하실 뿐이었다. 그렇게 육신의 모양으로, 육신의 대표로 오셔서, 그 저주받은 나무에 달리셨던 것이다(롬 8:3,4). 따라서 바울은 자신의 교리 가운데 육신의 문제를 충분히 다루었다. 하나님의 아들께서 육신을 제거하신 것을 보았을 때, 과연 바울은 다시 육신으로 돌아갈 수 있었을까? 그럴 수 없었다. 바울은 육신을 완전히 파손된 배로 보았다. 육신은 완전히 바다 속으로 가라앉아 맨 밑바닥에 영면(永眠)된 상태에 있다. 비록 완전히 제거된 것은 아닐지라도, 우리 눈 앞에 보이지 않게 되었다. 어쨌든 바울은 더 이상 육신 가운데 있지 않았고 다만 부활하신 하나님의 아들 안에 있었다. 그는 새 세상으로 완전히 이적(移積)되었다. 그 새 세상이란 부활하신 하나님의 아들과 더불어 새로운 피조물 상태로 머무는 곳이며, 세세무궁토록 하나님의 기쁨이 가득한 곳이다.

만일 사도 바울이 육신과의 관계를 끝냈다면, 그는 율법과의 관계도 끝낸 것이다. 왜냐하면 이 둘, 즉 육신과 율법은 하나이기 때문이다. 이 둘은 하나로 묶여 있다. 사도 바울은 이 둘의 관계를 로마서 7장에서 옛 남편과 아내로 설명했다. 율법은, 그 구조와 강제성과 계명들과 더불어 사람을 옭아매는 밧줄이자, 또한 전혀 앞으로 나아가지 못하도록 얽혀있는 그물에 불과했다. 물론 율법이 방향타 역할을 했던 것은 분명했다. 바울은 결국 율법을 난파선처럼 여기고 버렸다. 만일 그가 배를 버렸다면, 모든 필요한 것이 준비되었기 때문인 것이다.

바울은 자신의 육체를 신뢰하지 않았을 뿐만 아니라, 다른 사람의 육체도 신뢰하지 않았다. 만일 그가 세상에 대하여 못 박혔다면, 마찬가지로 세상도 자신에 대하여 못 박힌 것이었다. 여기서 우리는 그가 포기해버린 육체가 가진 힘이 무엇이었는지를 관찰해볼 수 있어야 한다. 이 말은 (거룩한 하나님의 역사에) 육체가 기여한 것은 아무 것도 없을 뿐만 아니라, 육체는 아무 것도 보태거나, 아무 것도 할 수 있는 것이 없다는 사실을 폭로하는 것이다. 바울은 자신이 육체의 영향에서 벗어났다거나 혹은 육체를 벗어버렸다고 선언하지 않았다. 다만 예수님을 의지하는 믿음을 확신했고, 믿음이 하늘에서 끌어오는 충만한 능력을 의지했다. 그렇다면 이것은 육신을 정죄하는 것인가? 그렇다. 예수님께서 육신에 대한 심판을 감당하셨고, 신자는 은혜로 말미암아 육신에 있지 않고 성령 안에 있는 존재로 여길 수 있게 되었다. 신자는 이미 정죄 받은 육신을 따라서 무슨 행위를 하는 사람이 아니다. 육신은 이미 심판을 받았다. 그럼에도 자기 속에 "죄"가 거하고 있다(롬 7,8장). 육신은 자신만의 종교를 가지고 있는가? 그렇다. 그래서 바울은 육신에 속한 모든 것, 즉 육체를 위한 규례와 예식과 율법에 속한 할례 등을 찌끼와 거름더미로 여겼다. 육체를 묶고 있는 율법적인 고리와 그 두려움을 벗어버렸다. 다만 믿음에 의해서 주어지는 하나님의 의(義) 안에서만 발견되고자 했다. (갈라디아서, 빌립보서, 골로새서를 보라.) 육체는 자신만의 지혜를 가지고 있는가? 그렇다. 세상은 그 황태자들을 가지고 있다. 세상의 지혜를 가진 자, 세상 선비, 변론가 등이다(고전 1:20). 하지만 바울은 하나님께서 그 모든 것들을 미련하게 만드셨다고 말하면서, 성령님만이 찾아낼 수 있고 또 계시하실 수 있는 지혜, 곧 "눈으로 보지 못하고 귀로 듣지 못하고 사람의 마음으로 생각하지도 못하였던" 지혜만을 갈망할 뿐이라고 말한다(고전 1,2장). 육체는 언변의 탁월함을 포함해서 말씀 사역에 활용할 수 있는 다른 도구들을 가지고 있는가? 그렇다. 하지만 바울은 그러한 것들 가운데 어느 것도 사용코자 하지 않았다. 다만 성령의 사역자로서, 성령만을 의지하는 사역자가 되고자 애를 썼다. (고린도후서를 읽으라.) 따라서 바울은 어찌하든지 육신으로부터 도망칠 뿐만 아니라, 육신의 자랑거리들과 육신에 호소하고 싶어 하는 모든 욕망을 끊어버렸다. 하지만 교회 안에서 육체의 지혜를 살려내고 또 육체의 능력으로 사역을 하려는 시도가 있었다. 바로 그것이 바울이 고린도에서 싸워야 했던 싸움이었다. 육체의 종교를 살려내려는 시도가 있었다. 그것이 바울이 갈라디아 지역과 골로새 지역에서 대면해야 했던 싸움이었다. 하지만 바울은 조금도 육체를 신뢰하지 않았다. 바울은 육신에 있지 않았고, 다만 죽은 자 가운데서 다시 사신 분 안에 있었다. 바울은 그리스도 안에 있었고, 성령 안에 있었고, 또한 새로운 피조물 안에 있었다. 바울은 하나님 아들의 피를 통해서 자신을 의롭다고 해주시는 칭의를 소유하고 있었고, 성령 안에서 하나님께로부터 오는 개인적인 은혜를 누리면서 또한 사역의 능력을 얻고 있었다. 이 모든 것들은 오로지 새로운 피즈물이 된 사람만 얻을 수 있는 신령한 복이다. 게다가 이처럼 육신을 포기해버릴 수 있는 이러한 영광스러운 믿음의 행위는, 즉 육신을 정죄하고, 육신의 종교와 육신의 자질, 그리고 육신에 속한 모든 것을 내려놓을 수 있는 것은 육체의 욕망과 육체의 유혹에 대항할 수 있는 능력이 임했다는 뜻이다. 앞으로 육신이 영혼을 유혹하러 일어날 때, 우리 영혼은 우리 자신이 이미 육신과는 관계가 끝난 사람임을 기억함으로 자신을 보호할 필요가 있다. 이와 동일한 믿음의 행위는 복음이 가진 덕성(德性) 가운데 행할 수 있는 능력으로 우리에게 작용한다. 어쩌면 우리는 우리 형제 속에 있는 육신성을 보면서 그들을 그리스도인으로 전혀 적합하지 않다고 말하는데 익숙해져 있을지도 모른다. 하지만 그들은 무언가 자기 삶 속에서 버리고 포기해야 할 것이 있는 상태에 있을 뿐이다. (만일 우리가 그렇게 판단하는데 익숙해있다면, 우리는 그리스도인으로서 덕성을 제대로 갖추고 있지 않은 것이다. 이 사실은 우리의 덕성을 시험하는 계측기이다.)

율법에 관해서 흠이 없는 사람이 하나님의 교회를 박해했던 아이러니

나는 갈라디아서 1장 13절에서 16절을 읽으면서 충격을 받았다. 바울은 자신이 깨닫게 된 하나님의 위대한 목적을, 육신이 아무리 최선의 상태에 있을지라도 육신은 철저히 무용하며 무가치하기에, 육신을 총체적으로 포기시키는 것임을 밝히고 있었다. 이는 성령에 의해서 가르침 받은 영혼만이 깨우치게 되는 영적 진실이다. (빌립보서 3장처럼) 자신이 육신의 종교에 있을 때에 가지고 있었던 자신의 이점들을 열거한 후에, 바울은 하나님께서 "내 어머니의 태로부터 나를 택정하시고" 그리고 "나를 부르셨으며", 그리고 "그의 아들을 자기 속에 나타내셨다"고 우리에게 말해준다(갈 1:16). 이를 통해서 볼 때, 바울이 복음의 사역자가 되고 또 복음의 대표자가 되도록 택정되고 또 선택을 받은 일은 혈육과 의논을 해서 된 일이 아니었을 뿐더러 육체를 전혀 신뢰하지 않은 가운데서 된 일이었다. 그렇다면, 바울이 (새로운 피조물이 되게 해주는) 복음의 사역으로 부르심을 받기 이전 삶의 모든 것은, 비록 육신에 속한 무슨 이점과 이익이 있을지라도, (영광스러운 구원을 얻었기 때문에) 기꺼이 그 모든 것들을 진토처럼 여기고 버릴 수 있었던 것이다. 바울은 "히브리인 중의 히브리인"으로 태어났다. 따라서 그는 팔일 만에 할례를 받았다. 그는 유대인의 종교가 주는 유익을 가지고 있었기에, 유대교를 지나치게 믿어 더욱 열심이 있었으며, 불타는 열정을 가지고 교회를 박해했다(갈 1:13,14). 그럼에도 그는 율법에 관해서는 "흠이 없었다."(빌 3:6) 이 모든 것은 자기 어머니의 태로부터 택정함을 받았던 사람이 가진 특징이었고, 따라서 육신에 속한 모든 것이 헛되다는 것을 보여주는데 더할 나위 없이 본이 되는 사람이었다. 그가 그렇게 하도록 실제로 사역으로 쿠르심을 받게 되었을 때, 그는 자신이 육체적으로 가지고 있었던 모든 이점들을 다 버려야만 했던 진실을 우리에게 기꺼이 말해줄 수 있었다. 그렇게 육체에 속한 모든 것을 포기해버린 일은 주목할 만한 일이다. 그것은 마치 장래에 영광을 담아낼 그릇으로, 즉 영광에 합당한 그릇으로 빚어지는 것이며, 그 영광스러운 사역을 감당하기에 적합하도록 불순물을 제거하는 것과 같았다. 그렇게 바울 속에 있었던 육신이 무익했다고 할 것 같으면, 모든 사람 속에 있는 육신도 마찬가지로 무익하다는 사실을 우리는 볼 수 있어야 한다. 바울은 육신을 통해서 엄청난 일을 이룰 수 있을 것으로 생각되는 사람이었지만, 그럼에도 그는 육체에 속한 모든 것을 헛것으로 알고 포기했으며, 육체의 전적인 무용성을 드러내는 하나님의 도구였다. 나는 이제 우리 주님의 사역 가운데 나타난 두 가지 특징을 소개하고자 한다. 주님도 마찬가지로, 육체(또는 육신)을 놀랍도록 배격하셨다.

육신을 배격하신 주 예수님

요한복음 3장을 보라. 주님은 다음과 같은 말로 육신을 배격하셨다. "육으로 난 것은 육이요 성령으로 난 것은 영이니"(요 3:6) 그리고 주님은 이 사실을 물과 성령으로 거듭날 필요가 있는 사람이 처해 있는 영적 필연성과 연결시키셨다. 요한복음 6장을 보

라. 주님은 다음과 같은 말로 또 다시 육신을 배격하셨다. "살리는 것은 영이니 육은 무익하니라 내가 너희에게 이른 말이 영이요 생명이라."(요 6:63) 주님이 니고데모와 무리들에게 말씀하신 두 가지 경우를 통해서, 우리는 다음과 같은 교훈을 얻을 수 있다. 즉 육체(또는 사람)를 신뢰하지 말고, 죄인으로서 하나님 또는 그리스도에게 직접 나아와 배우라는 것이다. 니고데모와 마찬가지로 무리들도 죄인이었지만, 그들은 예수님에게 나아오지 않았다. 그러므로 주 예수님께서는 그들 모두에게 육체(또는 육신)의 무용성을 말씀하셔야만 했던 것이다.

이 사실은 우리를 이처럼 중요하고도 귀한 교훈에 이르도록, 매우 단순하고도 또한 매우 확실하게 이끌어준다. 즉 만일 죄인이 죄의식을 느끼고 자신이 죄인인 것을 깨달았다면, 육체를 신뢰하는 마음을 버리고, 다만 자신이 죄인인 것을 인정하고 예수님 앞으로 나아와야 한다는 것이다. 이처럼 우리에게 절대적으로 필요한 진리는 우리가 진정 육신의 무용성과 전적인 포기에 이를 때, 우리 영혼에 행복하고 단순하고 보배로운 결과를 가져다준다. 이러한 진리에 이르는 참 길은 죄인으로서 하나님께 나아와 하나님으로부터 직접 배우는데 있다.

절대적으로 필요한 육신의 죽음

우리 속에 있는 육신의 죽음은 절대적으로 필요하다. 우리의 죽음은 우리 속에 있는 육신이 심판을 받고 그 육신이 종말에 이르는 것이다. "몸은 죄로 인하여 죽은 것이나"(롬 8:10) 이후에 심판이 있지만, 심판은 하나님께 속한 것이다. 마음의 숨은 비밀스러운 것들이 시험을 받고 정죄를 받을 것이며, 사람들이 자기 행위를 따라 책들에 기록된 대로 심판을 받을 것이다(계 20:12). 하지만 불순종으로 찌들어 있고, 온통 죄로 점철되어 있는 사람의 육신 혹은 타락한 본성은 죽음으로써 끝난다. 육체(육신)은 그 자체로 부패되어 있기에, 멸망의 길을 가고 있다.

우리가 살펴본 이 사실과 연결해서, 잠시 율법에 대해서 생각해보자. 율법은, 실상은 육신에게만 작동한다. 즉 율법은 사람이 살아있는 동안에만 사람을 주관할 뿐이다. 육신 속에는 선한 것이 거하지 않는다. 율법을 육신에 적용한 결과는 육신의 악을 증가시키는 것으로 나타날 뿐이다. 이것이 로마서 7장이다. 그 속에 해로운 씨앗만을 품고 있는 땅을 경작하는 것과 같다. 당신이 거름을 주면 줄수록, 더욱 풍성한 가시와 엉겅퀴만을 얻게 될 것이다. 따라서 우리가 율법 아래 있으면 있을수록, 우리는 더욱 하나님에게서 멀어지게 될 것이다. 사도 바울은 빌립보서 3장에서 이러한 생각을 전개시켰다. 자신이 율법 아래 있었고 또 육신 가운데 있었을 때, 자신이 소유했고 또 누리고 있었던 모든 특징적인 유익들은 자신의 자랑거리였고, 또한 훈장과도 같았다. 바울은 이전에 이러한 것들을 위해서 열심을 내었고 또 비록 율법 아래서는 옳았던 열심이 사실은 하나님을 직접적으로 적대하고 있었다는 것을 깨달았다. 왜냐하면 그렇게 열심을 내었던 결과가 사실은 하나님의 교회를 박해하는 것이었기 때문이었다.

율법의 열심인가, 성령의 열심인가

율법 아래서의 열심은 그 자체로 교회를 핍박하는 것이었다. 왜냐하면 교회는 은혜 가운데 거하며 살기 때문이다. 육신에 뿌리를 내린 열심은 그 자체로 교회를 핍박하는 것이었다. 왜냐하면 교회는 성령 안에서 행하기 때문이다. 따라서 바울이 율법 또는 육신을 자랑하면 할수록, 그는 더욱 하나님과 충돌을 일으킬 수밖에 없었다. 그렇다고 해서 율법이 무용하다는 말이 아니다. 분명 하나님의 목적에 일치하도록 율법을 사용하는 것이 있다. 사가랴와 엘리사벳은 "주의 모든 계명과 규례대로 흠이 없이" 행하였기 때문에 하나님 앞에서 의인으로 인정받았다(눅 1:6). 하지만 그것은 어디까지는 믿음이 오기 전까지, 율법이 하나님의 때가 찬 경륜 이전까지만 초등학문으로서 인정될 뿐이다. 이러한 것이 하나님의 목적에 일치하게 율법을 사용하는 방법인 것이다. 바울은 이제 율법을 하나님과 및 하나님의 목적에 직접적으로 적대하는 것으로, 그리고 하나님의 진리를 부인하는 것으로 선언하고 있다. 왜냐하면 율법을 통해서 의롭게 되고자 하는 것은 육신의 부패성과 하나님의 은혜와 창세로부터 약속을 주신 하나님의 목적을 부정하는 것이기 때문이다. 그렇게 하는 것은 사람을 높이는 것이다. 뿐만 아니라 진리가 "내 속 곧 내 육신에 선한 것이 거하지"(롬 7:18) 않는다고 말하고 있는, 바로 그 육신의 본성에 영양분을 공급해주는 것이다. 이 모든 일은 바울이 율법 아래 있었을 때 행했던 것이었다. 하지만 은혜가 임하고 또 은혜의 조명을 받게 되었을 때, 바울은 자신에 대한 평가가 완전히 달라졌다. 바울은 자신에 대해서 "훼방자요 핍박자요 포행자"였으며, 죄인 중의 괴수였다(딤전 1:13, 15)고 말했다. 그리고 자신이 이전에 유익하다고 생각했던 모든 것들의 진정한 가치를 보게 되었다. 사실 그 모든 것들은 배설물에 불과했다(빌 3:8). 그러한 것들은 육신에 있을 때에는 유익한 것들인지 몰라도, 육신 자체는 악일 뿐이다. 따라서 육신을 통해서 유익을 얻고, 자양분을 얻으면 얻을수록, 우리는 더욱 하나님의 선(善)에서 멀어질 뿐이다. 이러한 선(善)은 오직 그리스도 안에서, 오직 성령 안에서 또는 새 생명 안에서 밭을 갈 때에만 수확할 수 있다. 그리스도 안에 있는 존재가 되는 그 순간부터, 성령 안에서 양육을 받고 또 선을 행하는 것이 우리의 최대의 관심과 사업이 되어야 한다(빌 3:10-14).

로마서 7장에서, 사도 바울은, 소위, 율법의 요구들을 신자에게 적용시키면서, 이미 그 모든 요구들이 응답되었고 또 해결되었음을 보여주고 있다. 게다가 사도 바울은 이것을 매우 단순하게 처리하고 있다. 바울은 율법의 권위를 살아있는 사람, 즉 육신 안에 있는 사람에게만 적용시키고 있다. 율법은 아담에게서 난 사람 또는 육신에게 주어진 것이다. 하지만 그리스도인은 이미 죽고 다시 살아난 사람이기 때문에, 율법과의 관계에서 살아있는 사람이기를 멈춘 사람이며, 아담에게 속한 사람이기를 멈춘 사람이다. 결과적으로 이미 죽고 다시 살아난 사람은 육신에 대해서 살아있는 사람이 아닐뿐더러, 율법은 그에게 그 요구를 주장할 수 없다. 그리스도인은 율법이 적용되는 대상이 아니다.

죄와 율법의 지배에서 벗어나는 길

여기서 죄가 우리와 맺고 있는 관계와 율법이 우리와 맺고 있는 관계는 다르다. 죄(sin)는 주인 또는 군주로 언급되고 있지만, 율법은 남편으로 언급되고 있다. 로마서 7장의 끝부분을 보면, (영적 해방을 통해서) 죄의 주인 노릇과 율법의 남편 노릇은 끝나게 된다. 사도 바울은 전혀 성격이 다른 그 두 가지가 모두 해결되었다고 우리에게 말해준다. 죄는 나쁜 것이기에 제거되었고, (사도의 영감어린 펜을 통해서 밝혀진 바에 따르면) 율법은 특성상 좋은 것이지만 제거되었다. 우리 속에는 선한 것이 없고,

오직 악만 있다는 사실이 선포되었다. 율법은 거룩하고, 의롭고, 선하지만, 우리에겐 율법을 지켜 행할 수 있는 능력이 없다. 다시 살리심을 받은 영혼이 이처럼 율법의 진정한 성격, 즉 율법의 거룩성을 이해하는 순간, 통탄할만한 사태가 일어나게 된다. 즉 계명이 임하면, 죄는 다시 살아나고, 그 사람은 죽게 된다. 곧 영적으로 무기력해지는 것이다. 율법은 양심에 이 방향으로 작용하고, 죄는 옛 사람 또는 우리 지체에 저 방향으로 작용함으로써, 이러한 것들이 서로 합력해서 영혼 속에 영적 사망 의식을 일으키며, 해방을 부르짖을 수밖에 없도록 만든다. 이제 그에 대한 응답이 예수님을 통해서 임한다. 곧 예수 그리스도의 죽음과 부활의 능력을 통해서 영적 해방의 진리가 계시된다.

거듭났지만 육신 가운데 사는 사람에게 작용하는 율법의 기능

거듭났지만 그럼에도 여전히 육신 가운데 살고 또 도덕적 부패성 가운데 살던 사람에게 율법이 임하면, 그 사람 속에 내재되어 있을 뿐만 아니라 근본적으로 내성화된 악을 검출해낸다. 뿐만 아니라 죄(sin)를 범법(율법을 범하는 것)으로 보여주면서, 죄악성을 더욱 심화시킨다. 하지만 그리스도 안에 있는 자에게 율법은 효력이 없다. 주님은 율법을 자신의 도구로 사용하지 않으신다. 주님의 품에 안긴 신자는 더 이상 율법을 자신이 믿고 의지할 것으로 여길 필요가 없다. 하나님의 백성들을 성화시키는 하나님의 도구는 율법이 아니라 그리스도이시다. 신자가 믿고 의지할 대상으로 율법 대신 부활하신 그리스도를 주신 것이다.

하나님의 백성들을 성화시키는 하나님의 방법과 규례

사람과 그 사람에게 작용했던 율법은 이제 제해졌다. 대신 하나님이 개입하셨고, 자기 백성들을 성화시키는 하나님의 도구이자 영적 규례로 그리스도를 주셨다. 이제 성경은 가련하고 파멸 상태에 있는 사람에게 은혜의 봉사를 하는 주체로 그리스도를 제시하고 있기에, 우리는 우선적으로 하나님 자신을 바라볼 필요가 있다. 하나님은 은혜로우신 분이시다. 이 말은 단순히 하나님의 속성이나 창조 혹은 섭리 속에 나타난 하나님의 성품을 의미하지 않는다. 사실 율법이 우리의 실체 또는 실상을 폭로한 그대로, 우리는 아무 힘도 없는 죄인에 불과하지만, 하나님은 우리의 필요를 충족시킬 모든 자원을 가지고 계시고, 우리의 죄악성을 치유할 모든 능력을 가지고 계신다. 그러한 하나님의 모습을 가지고 계신 것, 그 자체가 하나님의 특권이지만, 우리가 믿음으로 그 사실을 인정할 때, 우리는 즉시 하나님을 찬송하고 또 우리가 받은 복을 기뻐할 수 있다. 하나님이 가지고 계신, 그러한 특징과 모습은 믿음을 가진 사람에게만 제시된다. 그렇다면 믿음이 있는 사람에게 하나님은 "전능하신 하나님"이 되신다. 즉 하나님은 우리의 모든 필요를 충족시켜주시는 분이시다. 구약시대 족장들에게 계시되신 하나님이 바로 그러한 의미에서 전능하신 하나님이신 것이다. 아브라함과 사라는 자기 몸에 대해서 죽은 사람들이었다. 하지만 주님께서 "나는 전능한 하나님이다"라고 말씀하셨을 때, 그들은 그 말씀을 받아들였다. "나는 너희 몸의 죽은 상태에도 불구하고 너희를 통해서 나의 뜻을 성취시킬 모든 자원을 가지고 있다."는 것이 하나님의 언어인 것이다. 그러자 그 하나님의 종은 하나님 앞에 엎드렸다(창 17:3).

이것은 한편으론 하나님의 영광을 주장하는 것이며, 다른 한편으론 하나님의 영광이 주어지는 것이다. 이와는 달리, 사도 바울은 이러한 "하나님에 대한 지식"이 없는 사람들이 있다고 한탄했다(고전 15:34). 왜냐하면 고린도교회 신자들은 죽은 자의 부활에 대해서 의심을 품었기 때문이다. 그러한 의심은 그들이 하나님을 하나님으로서 제대로 이해하고 있지 않았으며, 하나님께 합당한 영광을 돌리지 않았다는 것을 보여준다. 그렇지 않다면 그들은 아브라함처럼, 죽음의 상태에 있을지라도, 하나님은 우리의 모든 필요를 충족시켜줄 수 있는 모든 자원을 가지고 계신 분이심을 믿었을 것이다. 하나님의 능력을 알지 못했던 사두개인들에 대해서 주님은 바로 이 점을 정죄하셨던 것이다(마 22:29).

하나님의 영광의 행진

따라서 우리는 하나님께 존귀를 돌려드려야 한다. 우리 자신을 의지하고 확신하는 것은 멈추고, 대신 하나님을 전적으로 의지하고 확신해야 한다. 이스라엘 백성의 경우를 생각해보자. 약속의 땅은 우상들을 제거함으로 정결하게 되어야 했지만, 성막 또는 하나님의 집은 하나님에게 성별되어 세워질 필요가 있었다. 우상과 잡신들은 제거될 필요가 있었지만, 유일하시고 참되시며 전능하신 하나님은 우뚝 서실 필요가 있었다. 우상들로 가득한 땅이 정결해지지 않고서는 참 영광이 세워질 수 없었다. 이것은 오늘날 우리에게도 마찬가지이다. 우리는 우상을 피해야할 뿐만 아니라, 참 예배자들이 되어야 한다. 우리는 우리의 직장, 혹은 우리의 가정, 혹은 우리의 교회, 혹은 사람의 의로운 행실에서 이 모든 우상들을 거절해야 할 뿐만 아니라, 우리는 하나님께 우리의 신뢰를 두어야 한다. 만일 우리가 하나님을 진정 신뢰할 수 있는 분으로 믿고 있지 않다면, 또는 아브라함과 같이 비록 죽은 것과 같은 상태에 있고 심지어 죄와 허물로 죽어 있는 것과 같은 상태에 있는데, 그럼에도 우리를 이러한 상태에서 능히 건져주실 수 있는 모든 자원을 가지고 계신 분으로 하나님을 믿고 의지하고 있지 않다면, 그렇다면 우리는 하나님을 진정한 하나님으로 알고 있지도 않을뿐더러, 하나님을 합당하게 예배하고 있지도 않은 것이다. 왜냐하면 하나님은 우리의 모든 필요를 충족시켜 주실 수 있는 유일한 분이시기 때문이다. 그러한 것이 하나님의 영광이다. 단순히 죄에 대해서 각성된 죄인은 율법을 통해서 자기 속에 우상이 있음을 깨닫고, 그래서 우상으로 가득한 땅을 정결하게 하는 일을 이렇게 저렇게 해볼 수는 있을 것이다. 그는 열심을 가지고 여호수아의 칼을 들고 우상을 제거해나가는 일을 시작할 것이고, 하나씩 성을 정복해나가고, 하나씩 왕들을 죽이고, 그 땅에서 발견되는 우상들을 제거해나가고자 할 것이다. 하지만 율법의 열심만으로는 아이 성의 패배를 톡톡히 맛볼 수밖에 없다. 결국 여호수아의 사역을 끝내고 또 실로에서 주님의 회막을 세우는 일을 한 것은 살아있는 믿음을 가진 사람들에 의해서 된 일이었다. 그 결과 아스다롯과 바알이 제거되고, 그 땅이 정복되었을 때, 여호와께서 등장하셨다. 이제야 하나님께 대한 완전하고도 합당한 존귀가 드려질 수 있었던 것이다.

이 사실에 이르지 못하는 것은 실제로는 하나님을 아는 지식이 결핍되어 있기 때문이다. 사도 바울은 고린도전서 15장에서 하나님께 감사를 올리고 있다. 이러한 감사는 아버지를 위한 것도 아니고, 아들을 위한 것도 아니고, 성령님을 위한 것도 아니다. 사도 바울은 복되신 삼위일체 하나님의 각 위격에 속한 권리와 존귀에 대해서 잘 알고 있었다. 그럼에도 바울은 하나님께 감사하고 있다. 이는 어떤 의미에선 최고로 고상한 생각인 것이다. 결과적으로 바울은 그 거룩한 생각을 "하나님이 만유의 주로서 만유 안에 계시려 하심이라"(고전 15:28)고 결론을 맺고 있다. "태초에 하나님이 하늘들과 땅을 창조"(창 1:1)하심으로써 태초에 빛을 발했던 영광이 "저가 모든 정사와 모든 권세와 능력을 멸하시고 나라를 아버지 하나님께 바칠 때라…이는 하나님이 만유의 주로서 만유 안에"(고전 15:24,28) 계시게 될 때, 가장 광대한 영광이 나타나게 될 것이다. 이처럼 형언할 수 없고, 상상조차 할 수 없는 탁월한 유익과 더불어 태초부터 최종적인 세대에 이르기까지 전진해나가는 이 신성한 영광의 행진은, 결국 잊혀질 수 없는 방식으로 드러나고 전시되어 왔다. 그 흔적을 남겨왔기에, 지워질 수 없는 흔적은 영원 속에 기념비적으로 남을 것이다. 우리 앞서 나타난 영광은 그 진행상 점증하는 특징을 띠고 있음이 나타났다. 최종적으로 그 영광을 보게 될 때, 그 영광은 완전히 공개적으로 드러나게 될 것이며, 그 결과 우리는 그 영광의 내적 부분들과 은밀하게 감추었던 비밀들과 더불어 그 충만함을 즐거워할 것이며, 그것도 새 하늘과 새 땅의 영원함을 맛보면서 그리할 것이다.

이제 갈라디아서 4장 8절을 살펴보자. 갈라디아 여러 지역에 사는 제자들은 전에 "하나님을 알지 못하여 본질상 하나님이 아닌 자들에게 종노릇" 했던 사람들이었다. 이제 그들은 다시 율법을 준수하던 때로 돌아가려 하고 있고, 죄인들로서 그들의 확신을 그런 식으로 유지하려고 하고 있다. 이는 그들이 하나님과 하나님을 아는 바른 지식에서 떠나가고 있음을 보여준다. 왜냐하면 그들이 하나님을 제대로 알았더라면, 하나님께서 죄인으로서 그들이 필요로 하는 모든 것을 가지고 계신 분이심을 보았을 것이고, 그렇다면 날과 달과 해를 따라 절기를 지키는 것이 아무 의미가 없다는 것을 알았을 것이다.

너무도 슬픈 일은, 우리도 대부분, 우리 영혼의 기쁨을 위해서 하나님께서 친히 자신을 계시해주신 것에 따라서 하나님을 아는 지식에 온전히 이르지 못하고 있다는 사실이다. 그럼에도 그렇게 하나님을 아는 것이야말로 유일하고 참되신 하나님에 대한 바른 지식인 것이다. 하나님은 말로 형언할 수 없을 정도로 완전하신 분이시며, 가장 영광스러운 것은 하나님의 선하심에 있다. 우리가 아는 대로, 하나님은 사랑이시다. 그러므로 하나님을 아는 일에 있어서 무슨 불완전함이 있거나 오류가 있다면, 우리의 기쁨과 복은 방해를 받을 수밖에 없다. 왜냐하면 오직 사랑만이 우리의 기쁨과 복을 온전하게 해주기 때문이다.

하나님의 손이 역사를 빚어 가시는 하나님의 섭리와 그 가운데서 하나님이 누리시는 영광과 기쁨을 생각해보면, 하나님의 영광과 기쁨은 그 역사들이 가진 온전한 탁월함의 결과에 있지 않다. 다만 그것들은 하나님의 손길을 보여줄 뿐이다. 하나님의 영광과 기쁨은 오히려 그 속에 있다. 즉 하나님은 복을 주시고 또 우리는 그 복을 받아들이는 과정에서 하나님은 영광을 받으시고 기쁨을 맛보시는 것이다. 그러한 것이 사랑의 기쁨인 것이다.

하늘은 해가 자신의 길을 따라 달리는 것을 통해서 하나님의 영광을 선포하며, 하나님을 기뻐한다. 왜냐하면 하늘은, 대체적으로 그렇게 땅에게 복을 주도록 그 운명이 정해졌기 때문이다. 따라서 하늘은, 그 마음을 기쁨으로 채우고 풍성한 열매를 맺을 수 있는 계절을 주기 때문에, 하나님의 증인으로 불린다.

교회도 마찬가지이다. 교회는 성령의 능력을 전시하려는 목적으로 주어진 성령의 선물이기 보다는, 하나님의 성도들을 섬기고 또 그들에게 영적인 빛과 위안을 준 결과 그들의 믿음을 바로 세움으로써, 그들 가운데 성령의 기쁨과 성령의 가치를 형성해 가는 성령의 기관(機關)이다. 따라서 성령을 통해서 하나님의 마음을 품게 된 사도 바울은 "교회에서 남을 가르치기 위하여 깨달은 마음으로 다섯 마디 말을 하는 것이 일만 마디 방언으로 말하는 것보다 낫다"(고전 14:19)고 말한다. 반면에 고린도교회 성도들에게 방언은 성도들의 덕을 세우기 위해서 예언하는 것보다 더 우월한 것으로 여겨졌다. 하지만 하나님의 마음을 가지고 있던 바울은 예언을 더 가치 있는 것으로 평가했다. 사실 우리가 영으로 하나님께 더욱 가까이 나아갈수록, 우리는 복을 누리며

한층 기쁨을 맛보게 될 것이다. 가브리엘을 보라. 그는 "하나님 앞에 서있는" 천사였다. 그는 과연 무슨 일로 하나님의 존전을 떠나왔는가? 바로 지상에 기쁨의 소식을 전하는 메신저로 왔던 것이다(눅 1:19).

모든 복은 하나님에게서 나온다

하나님의 사랑을 받는 자이신 하나님의 아들 예수님도 마찬가지였다. 그는 아버지의 품속에 계신 독생자였다. 과연 무슨 일로 그 품속을 떠나 이 세상에 오셨는가? 자기 목숨을 십자가에 내어 줌으로써 죄인들을 구하고 생명을 주고자 오셨던 것이다.

그 사랑하는 아들이 기대고 있었던 아버지의 품속에 가까이 나아가는 만큼, 우리는 하나님의 사랑 또는 그 사랑의 표현이 얼마나 강렬하게 나타났는지를 볼 수 있다. 그 품은 하나님 앞 보다는 더욱 친밀한 장소였다. 따라서 아들의 죽음은 천사의 메시지 보다는 더욱 강렬한 하나님의 표현인 것이다. 이 모든 것과 이와 유사한 내용들은 성경에 풍성하게 전개돼어 있고, 이러한 것들을 통해서 우리에게 하나님의 진실을 보여준다. 하나님은 사랑이시다. 따라서 하나님의 영광 또는 하나님이 자신을 나타내시는 방식 또한 사랑과 조화를 이룰 수밖에 없다. 그러한 것들이 우리를 복 주시는 방식이다. 모든 것이 다 하나님에게서 나온다. 그것이 종들이 대기하고 있는 하나님 존전의 바깥뜰에서 나올 수도 있고, 아니면 그 사랑하는 자, 영원하신 아들께서 기대어 의지하고 있는 아버지의 품속의 성소에서 나올 수도 있으며, 또 교회 가운데 거하시는 성령의 은사를 통해서 나올 수도 있고, 아니면 창조세계 가운데 하나님의 손으로 지으신 작품을 통해서 나올 수도 있다. 이 모든 성령의 은사와 만물 속에 깃들인 신성을 통해서 나타나는 다양한 복들과 영광은 복을 주시는 하나님을 우리에게 알려줄 뿐만 아니라, 하나님의 위격 속에 배어있는 자유와 기쁨을 그대로 반영(反影)하고 있다.

성령의 계시를 통해서 이르게 되는 하나님을 아는 지식

따라서 우리는 성령님이 주시는 영적인 통찰력을 통해서 우리 하나님을 아는 바른 지식에 이르게 된다. 하나님을 아는 지식이 우리가 받은 복의 확실성과 결합되어 있음을 보는 사람은 복이 있다. 왜냐하면 소망이 없는 사람은 하나님이 없는 사람이기 때문이다(엡 2:12). 구원을 거절하는 것은 복음을 복종치 않는 것과 같으며, 그 사람은 하나님을 모르는 사람처럼 심판을 받게 될 것이다(살후 1:8). 복음이 전해졌음에도, 복음을 믿음으로 받아들이지 않거나 또는 복종치 않는다면, 하나님을 아는 것이 아니다. 그럼에도 이 모든 일 자체는 참으로 복되다. 이 일은 우리 영혼으로 하여금 복을 받아야 하는 절대적 필요성을 깨닫게 해준다.

하나님을 아는 것은 하나님에게서 복을 받는 줄 아는 것이기 때문이다. 만일 내가 구원의 복음을 거절한다면, 나는 하나님을 거절하는 것이다. 그렇다면 나는 세상에서 하나님이 없는 존재가 된다. 만일 영혼이 하나님을 알았다면, 그것은 복을 주시는 분을 알았다는 뜻이 된다. 따라서 성경이 가르치고 있는 대로, 하나님을 아는 것이 곧 영생이다(요 17:3). 그렇다면 하나님을 알되 더 깊이 있게 아는 것이야말로 은혜와 평강을 더욱 풍성하게 얻는 길이다(벧후 1:2). 슬픈 일은, 우리 영혼이 그러한 분을 아는 일에 관심이 없고, 무관심할 뿐만 아니라, 마땅히 알아야 할 만큼 알고 있지 못하다는 것이다.

진정한 구속의 의미

하나님은 율법을 통해서 사람을 이 타락한 세상에서 무기력하고 심지어는 악하기까지 한 존재라는 사실을 볼 수 있도록 지금까지 우리의 생각을 인도해오셨다. 이제 우리는 그러한 세상에서 일하시는 복되신 하나님의 섭리와 행위를 볼 수 있어야 한다. 그처럼 가련한 피조물의 상태에서 사람을 건져내는 것이 바로 진정한 구속(救贖)의 의미이기 때문이다.

구속(救贖)은 이 세상에서 일하시고 역사하시는 하나님의 원리이다. 창조는 (처음부터) 구속을 위한 것이었다. 창조 이후에 구속을 생각해낸 것이 아니었다. 하나님의 계획 속에서 어린양이 창세 전에 드려졌다(시 40편, 히 10장). 성도들은 창세 전에 그리스도 안에서 택함을 받았다(엡 1장). 그리고 범죄하기 이전 에덴 동산에서, 아담이 잠들어 있는 동안 그에게서 여자가 나왔는데, 이는 구속의 모형이며 죽음에서 생명이 나오는 것을 예표하는 것이었다. 그리고 죄가 세상에 들어온 순간, 구속의 비밀이 소개되었다(창 3:15).

구속에 대한 특별한 계시를 담고 있는 레위기 25장

이 모든 것 외에도, 구속에 대한 특별한 계시를 담고 있는 성경인 레위기 25장을 보면, 우리는 구속이 하나님의 원리였음을 알게 된다. 우리는 여기서 사람이나 땅을 영원히 팔 수 없다는 것을 보게 된다. 이 두 가지는 항상 구속의 대상이었으며, 따라서 저당 잡히는 방식으로 나중에 도로 찾을 수 있었다. 만일 이스라엘 사람이 자기 자신 또는 자신의 토지를 기꺼이 도로 찾아줄 수 있는 친족이 없다면, 주 하나님께서 친히 매 50년 마다, 즉 희년에는 둘 모두를 속량해주고자 하셨다. 이를 통해서 확실히 알 수 있는 것은, 구속(또는 속량)이 항상 하나님의 원리라는 점이다. 그렇다면 구속이란 무슨 의미를 가지고 있는가? 구속이란 팔린 물건 또는 사람을 도로 찾아오기 위해서 거기에 해당하는 값을 지불하는 것이다. 이스라엘 사람 자체 또는 그 사람의 재산을 속량하고자 하는 사람은 거기에 상응하는 돈을 완전히 지불했을 때에만, 그 사람 또는 그 사람의 토지를 도로 찾아올 수 있었다. 이렇게 대신해서 다른 사람의 기업을 도로 찾아주는 사람, 또는 속량해주는 사람을 기업 무를 자, 또는 가장 가까운 친족이란 의미로 근족(kinsman)이라고 불렀다. 성경은 이와 같은 방식으로, 우리의 영광스러운 근족이신 그리스도께서 (하늘과 땅의 하나님께서 육신을 입으신 결과로) 자기 목숨을 내어놓으심으로써 우리 구속을 위한 완전한 값을 지불하셨고, 우리 자신과 우리의 기업을 도로 찾을 수 있는 빚을 다 갚아 주셨다. 공의를 주축으로 세워진 하나님의 보좌를 기준으로 해서 그 지불한 값을 측량하고, 가장 공정한 손으로 측량할 필요가 있었다. 다른 사람의 영혼을 자기 목숨으로 속량할 수 있는 사람은 그 누구에게도 해를 끼친 일이 없고, 친히 자기 손으로 지은 죄가 전혀 없어야 했다. 따라서 성경은 구속에 대한 영광스러운 기록을 담고 있는 레위기 25장에서 제시하고 있는 모든 조건을 충족시키신 예수님을, 우리 영혼을 속량할 수 있는 유일한 구속자라고 부른다. 예수님은 자기 백성에게 오셨고, 그들을 구속하셨다. 여수님이 지불하신 값은 그분의 피 또는 그분 자신의 목숨이었다. "그가 모든 사람을 위하여 자기를 속전으로 주셨으니 기약이 이르면 증거할 것이라."(딤전 2:6) "오직 자기 피로 영원한 속죄를 이루사"(히 9:12) "각 족속과 방언과 백성과 나라 가운데서 우리를 피로 사서 하나님께 드리시고"(계 5:9) 등등. 이처럼 성경의 많은 구절들이 이 사실을 우리에게 말해주고 있다.

황소와 염소의 피 vs. 예수 그리스도의 피

하나님의 보좌라고 하는 저울은, 영혼 구속을 위한 값을 지불하기 이전에 그 가치를 모두 측량해보고 시험해보았다. 이미 황소와 염소의 피가 가진 가치를 시험해보았지만, 그 피로는 영혼 구속을 감당할 수 없을 뿐만 아니라 턱없이 부족했다. 하지만 하나님의 어린양, 즉 하나님의 아들의 피를 보좌에 앉으신 하나님, 곧 공의로 심판하실 하나님의 손으로 친히 달아보았을 때, 그 피는 위대한 채권자이신 하나님의 뜻과 마음을 온전히 충족시킬 수 있었다. 그 뜻을 충족시킨 결과, 우리는 거룩함을 입을 수 있게 되었다(히 10장). 우리 자신과 우리 영혼에 대한 값이 지불되었기에, 우리는 우리의 영광스러운 구속자 또는 우리의 근족을 통해서 구속함을 받게 된 것이다.

속량 또는 구속의 교리를 아는 것은 하나님의 마음 속 깊은 곳에 감추인 생각을 아는 것이다. 왜냐하면 이미 언급한 대로, 레위기 25장은 하나님의 원리를 우리에게 놀라운 방식으로 설명해주고 있기 때문이다. 어째서 구속이 그처럼 하나님께 사랑스러운 것인가? 왜냐하면 구속의 교리는 하나님의 사랑을 영광스러운 것으로 만들기 때문이다. 즉 모든 것 위에 하나님 자신을 높이기 때문이다. 뿐만 아니라 구속을 위해서 지불해야 하는 값, 즉 속전으로 자신의 품속에 있는 아들을 내어주어야만 했던, 하나님 속에 있는 자기 희생의 방식을 보여주기 때문이다. 이는 마치 아브라함이 아들 이삭을 내어주어야만 했던 것과 같다. 아브라함은 그렇게 내어주었던 이삭을 죽은 자 가운데서 도로 받을 수 있었다.

당신의 양심은 평안을 맛보았는가

우리 양심이 평안을 맛보고 또 평안을 유지할 수 있는 것은, 구속을 위해서 필요했던 총체적인 대가가 지불되었다는 사실을 아는데 있다. 그렇다면 속량함을 받게 된 가련한 이스라엘 사람이 진정으로 위안을 가지는 것은, 자신을 속량해준 은혜로운 근족이 자신을 샀던 채권자가 요구하는 돈을 조금도 에누리 없이 다 지불했다는 소식을 들을 때인 것이다. 우리 마음은 하나님의 사랑이 우리를 구속하는 역사의 토대를 이루고 있다는 사실을 아는데서 위로를 얻는다. 뿐만 아니라 우리 양심은 하나님의 공의가 훼손되지 않고 존중을 받을 수 있었으며, 하나님 보좌의 요구가 온전히 성취되었다는 사실을 아는데서 담력을 얻는다. 우리를 구속하는데 지불된 값의 적정성은 우리에게 다양한 방식으로 증거되었다.

구속을 위해서 지불된 값의 적정성에 대한 성경의 증언

그에 대한 성경의 증언을 살펴보자.

(1) 창세 전에 언약 가운데 그 값이 정해졌다. 그렇게 정해진 적정성은 하나님의 책에 이미 기록되었다(시 40편, 히 10장).

(2) 창세로부터 그 값을 피로 갚도록 정해졌으며, 따라서 예배를 드리는 사람들은 어린양의 피를 주의 제단에 뿌리거나 아니면 구속함을 받은 사람들의 집 문인방과 문설주에 발라야 했다(창 3:8-21, 출 12:1-13).

(3) 세상 끝에, 그 값이 갈보리에서 지불되었다. 그러자 하나님은 휘장을 위로부터 찢으심으로써 (하나님의 책에 은밀하게 기록되어 있었고 또한 계획해 오셨던) 그리스도께서 십자가에 흘리신 피의 가치를, 공개적으로 구속의 값 또는 속전으로 인정하셨다.

(4) 이 사실이 복음을 통해서 증거되고 있으며, 성령님의 음성을 통해서 그리스도의 피가 우리의 모든 죄들을 사하기에 충분한 것으로 선포되고 있다(히 10:15-17).

(5) 영원 세계에서, 그리스도의 피가 가진 가치는 우리 찬송의 제목이 될 것이다. 이처럼 우리의 구속을 위한 값이 다양한 방식으로 우리에게 소개되었다. 하나님은 이 사실을 우리에게 알려주기를 기뻐하신다. 하나님은 이렇게 완료된 구속(또는 속량)의 역사를 통해서 영광을 받고 계신다. 하나님의 사랑도 만족되었다. 말씀을 통해서 인도를 받는 영혼은 이처럼 복된 생각과 확신 속으로 깊이 빠져들게 된다. 우리 영혼은 예수님의 피를, 우리의 영혼을 구속하는데 필요한 값을 지불하기 위하여 지불된 속전으로 바라볼 필요가 있다. 양심은 그처럼 온전히 성취된 속량을 자기에게도 이루어주시기를 갈망하게 된다. 다시 강조하지만, 우리 영혼을 속량하는데 필요한 값은 그리스도의 피를 통해서 이미 지불되었다. 그렇게 지불된 값을 성경은 "영원한 언약의 피"(히 13:20)라고 부른다. 이제 구속은 충분하고, 온전하고, 확실하게 이루어졌다. 언약은 이 사실 위에 서있다. 피가 언약을 보증한다. 그러므로 이 사실은 즉시 거룩하면서도 여전히 은혜로운 언약으로서의 특징에 진가를 더해준다. 그래서 언약은 하나님의 공의 또는 거룩한 권리를 보존하면서도 죄인에게 풍성한 은혜를 제공해줄 수 있다. "이것은 내 피로 세우는 새 언약이라."(눅 22:20) 다른 것으로서는 가능하지 않았다. 황소와 염소의 피는 율법 아래서 충분히 시험했지만, 이러한 광대한 은혜를 가져오는 일에 충분치 않았고, 적합하지 못했다. 여기서 덧붙이자면, 하나님의 사랑과 하나님의 공의로운 요구는 서로 충돌을 일으키

지 않는다는 점이다. 하나님의 공의로운 요구는 반드시 충족되어야만 했고, 이렇게 죄인들을 구속하는데 예수님의 피가 바쳐졌다. 이 일에 하나님의 사랑이 한량없이 부어졌다. 그럼에도 이 사랑은 단순한 감정에 속한 것이 아니었으며, 즉흥적으로 발산되는 단순한 감상적인 것이 아니었다. 오히려 범죄한 자들을 속량하고, 죄인들을 구속하기 위하여 거기에 상응하는 속전을, 자기 목숨으로 내어놓음으로써, 갚을 길 없는 어마어마한 비용을 지불한 사랑이었다. 하나님 속에 있었던 사랑은 죄인을 사랑하는 일에 자신의 모든 것을 내려놓고, 죄인을 사랑하는데 필요한 모든 비용을 기꺼이 지불하고자 하는 사랑이었다. 만일 우리가 하나님의 사랑을 생각할 때, 그 공의로운 요구를 충족시킬 수 있는 충분한 준비를 해온 사랑, 그 사랑이 영원 전부터 준비되어 온 사랑임을 생각지 않는다면, 우리는 그 하나님의 사랑을 하나님의 계시를 통해서 아는 것이 아니라 그저 우리 자신의 감상적인 마음으로만 아는 것에 불과할 수 있다.

우리에겐 하나님의 사랑을 계시를 통해서 아는 것이 필요하다. 나는 원칙적으로 구속을 하나님의 목적을 이루는 것으로, 그리고 우리가 사는 세상에서 하나님이 일하시는 근본 원리로 제시해왔다. 구속은 세상의 기초를 놓기 이전부터 준비된 하나님의 계획이었을 뿐만 아니라, 장차 구속함을 받은 자들이 보좌를 둘러싸고서 세세무궁토록 부를 찬송의 제목이 될 것이다.

성경에서 말하고 있는 구속의 성격

이제 성경에서 말하고 있는 구속(救贖)의 성격에 대해서 살펴보자. 구속은 단순히 되사오는 것 또는 속전을 지불하는 것, 그 이상의 의미가 있다. 이스라엘의 규례를 보면, 구속자는 위대한 인물이었고, 율법 아래 제시된 구속자가 담당하는 봉사는 다양했다.

(1) 구속자는 팔린 사람이나 자기 형제의 토지를 속량해야만 했다(레 25장). 우리는 이 측면에 대해서 이미 살펴보았다.

(2) 구속자는 자기 형제가 살인자에 의해서 피를 흘렸다면, 보복을 함으로써 피를 보수하는 자의 역할을 해야만 했다(민 35장).

(3) 구속자는 자기 형제가 자녀가 없는 상태에서 죽었다면 형제의 후사를 이어 그 이름이 끊어지지 않도록 해야만 했다(신 25장).

우리의 근족이신 주 예수님께서 이루신 일

우리의 찬송 받으실 주 예수님은 아브라함의 씨로 출생하심으로써 우리의 인성을 입으셨고, 은혜로 우리의 근족이 되어주심으로써, 이러한 구속자의 모든 의무들을 성취하셨다.

(1) 주 예수님은 우리 자신 뿐만 아니라 우리의 기업까지도 속량하셨고, 정당한 값을 지불하고서 되사오셨다. 이 일은 우리의 범법으로 인해서 상실했던 모든 것을, 그에 상응하는 충분한 값을 지불하심으로써, 즉 우리에게 부과된 모든 공의로운 요구의 지극히 작은 부분까지 모두 갚음으로써 이루어졌다. 이렇게 속전을 지불한 일은 은과 금으로 한 것이 아니라, 그리스도의 지극히 보배로운 피로 한 것이다. (행 20:28, 롬 3:24,25, 엡 1:7-14, 골 1:14, 딤전 2:6, 히 9:12, 10:14, 벧전 1:18,19을 보라.)

(2) 주 예수님은, (앞의 경우처럼) 빚진 자인 우리를 향해 보복하시는 것이 아니라, 우리가 행한 잘못들에 대해서 우리를 비난하고 또 우리를 송사하는 입장에 있는 모든 원수들을 향해서 보복을 하신다. 그렇게 보복을 하는 대상은 죄일 수도 있고, 마귀일수도 있고, 사망일수도 있고, 또는 지옥일수도 있다. (고전 15:54-57, 골 2:15, 히 2:14을 보라.)

(3) 주 예수님은 우리를 살리셨을 뿐만 아니라 자기 형제에게 후사를 이을 수 있도록 거룩한 씨를 새로이 일으키셨다. 우리를 다시 하나님의 자녀로 삼아주심으로써 그분의 친족으로서 가계

를 일으키도록 회복시키는 일을 해주셨다. 우리를 아담의 후손으로서의 관계를 끊게 하셨고, 새로이 창조하셨으며, 우리를 하나님의 아들이 되게 해주심으로써 거룩한 씨를 이어갈 수 있게 해주셨다. 이것은 육신에 속한 자로서 결코 할 수 없는 일이었다. (롬 9:8, 갈 3장을 보라.) 이러한 것들은 해방, 생명, 승리, 칭의 등을 포함하고 있다. 이 모든 것들이 다 우리에게 필요했다. 우리는 우리 자신을 죄들과 허물들 때문에 죽어 있는 자로 볼 수도 있고, 육신 안에서 하나님을 향해 살아 있는 자로 볼 수도 있다. 우리는 사실 하나님을 향해 잘못을 행했고 또 범죄했다. 마귀는 우리를 속이고 꾀었다. 이러한 구속자에 대한 가르침은 구약성경의 핵심적인 교리였으며, 사실 창세로부터 계시되어 온 유일한 종교였고 또한 구약성경에 기록된 모든 사건들과 모든 이야기들을 통해서 전달하고자 했던 핵심적인 메시지였다. 구속자의 교리는 하나님의 책이 말하고자 하는 위대한 주제일 뿐만 아니라 하나님의 책이 기록된 목적인 것이다.

우리의 구속자, 예수 그리스도

따라서 구속자(the Redeemer)는 세상의 시작부터 세상의 종말에 이르기까지 하나님의 책에 등장하는 가장 위대한 인물이다. 구속자의 사역은 세세무궁토록 하나님을 찬송하게 될 주제를 제공한다. 구속자는 율법이 주어지기 이미 오래 전에 계시로 알려졌을 뿐만 아니라, 율법 이후에도 세세무궁토록 남을 것이다. 왜냐하면 우리는 이제 "율법에 대해 죽었고" 그분을 향해서 살아있기 때문이다. 우리는 그분으로 인해서 세세무궁토록 살 것이다.

구속자에 대한 이러한 인식은 하나님의 아들이신 예수님을 되사오시는 분, 보복해주시는 분, 그리고 (죽었던 우리 영혼을) 다시 살리시는 분(as Repurchaser, Avenger, and Quickener)으로 알게 해준다. 이 점은, 우리가 이미 살펴본 대로, 율법 아래서 근족 또는 구속자가 감당해야 하는 세 가지 특징들과 의무들이다. 이러한 것들이 우리의 모든 필요를 충족시켜준다. 이제 살펴보아야 할 것은 우리를 살려주는 영으로서 구속자의 역사에 대한 것이다. 예수님은 다시 살리시는 영으로서 자기 형제의 집을 다시 회복시켜주시는 우리의 근족(the Kinsman, 기업 무를 자)이시다.

창세로부터 주어진 여자의 후손에 대한 하나님의 약속

세상이 창조된 처음에 아담은 이 땅에서 하나님의 형상을 따라 창조된 가족을 통해서 하나님으로부터 생명이 흐르게 하는 생명의 통로였으며, 하나님의 손으로 만드신 모든 것들을 다스리는 왕족의 머리였다. 하지만 죄가 들어왔고, 죄로 말미암아 사망이 왔다. 그 이후에 여자의 씨를 주실 것에 대한 약속이 왔다. 이 여자의 씨(또는 후손)는 자신의 발꿈치를 상하게 될 것이지만 뱀의 머리를 깨뜨릴 뿐만 아니라, 지금 허물과 죄로 죽어 있는 사람에게 생명을 주는 생명의 통로가 될 것이었다. 따라서 아담은, 믿음으로, 자신의 아내를 "모든 산 자의 어머니'(창 3:20)로 불렀다. 이는 영적으로 죽어 있는 상태에 있는 죄인들은 장차 전혀 새로운 샘물에서 생명을 길어 올려야 함을 의미했다. 하나님의 피조물로서 아담은 하나님을 향해 아무 열매를 맺지 못하는 존재가 되어 버렸기에, 장차 모든 믿음을 가진 사람들에게 여자의 씨가 생명의 원천 또는 통로로 계시되었던 것이다.

그 순간부터 믿음을 가진 사람들은 이 비밀을 바로 이해하고 생명을 갈구하게 되었고, 더 이상 아담 안에 있는 육신을 바라보지 않고, 다만 여자의 씨(또는 후손)을 바라보게 되었다. 따라서 우리는 성경에서, 자녀를 임산치 못하는 아내의 비밀에 대한 이야기를 많이 볼 수 있다. 사라, 리브가, 그리고 라헬. 이 세 명의 여인은 구약성경 가운데 유명한 족장들의 아내로서, 자녀를 잉태하지 못하던 여인들이었다. 그들의 잉태치 못함이 하나님의 전능한 능력으로 치유됨으로써, 육신으로나 사람의 뜻으로 나지 아니하고 오직 하나님께로서 생명을 받는 비밀이 소개되었다. 이 비밀은 창세로부터 아담 또는 육신을 통해서가 아니라 오직 하나님을 통해서, 오직 하나님의 주권적인 은혜와 권능에 의해서, 그리고 여자의 씨를 통해서 생명을 받는 것에 대한 것이었다. 이 비밀은 너무도 단순하다. 나중에 이 비밀은 한나를 통해서 다시 나타났다. 그리고 신약시대에는 엘리사벳을 통해서 나타났다. 마침내 여자의 참된 씨(또는 후손)이 나타나게 되었고, 여자의 씨(후손)이 하나님의 주권적인 능력에 의해서 태어나게 되었다. 구약성경의 이 모든 여인들의 이야기는 여자의 후손인 그리스도에 대한 모형일 뿐이었지만, 서로 유사한 점들이 많이 있었다. 그럼에도 이 모든 이야기의 핵심은 단지 잉태치 못하는 여인이 자녀를 잉태할 힘을 얻는 이야기가 아니라, 창세로부터 주어진 약속을 성취하는 이야기이며, 이 세상에 새 일을 창조하는 것이며, "여자가 남자를 안는 일"로서(렘 31:22), 곧 처녀가 잉태하여 아들을 낳는 것에 대한 것이었다.

새로운 원천, 새로운 생명의 통로이신 예수님

이제 새로운 원천, 생명의 새로운 통로이신 예수님, 곧 하나님의 아들께서 오셨다. 하나님이 육체로 나타나신 것이다. 말씀이 육신이 되셨다. 하늘로서 오신 주님이 둘째 사람이 되셨고, 모든 생명의 근원으로서, 죄 가운데 죽어 있는 육신 또한 살아계신 하나님에게서 끊어진 영혼들을 "살려주는 영"이 되셨다.

첫째 사람은 "살아있는 혼(a living soul)"이었다. 둘째 사람은

"살려주는 영(a quickening Spirit)이시다. 첫째 사람은 죽음에 굴복할 수밖에 없는 생명, 하나님과의 교통이 끊어질 수도 있는 생명을 가지고 있었다. 둘째 사람은 사망을 이기고 또 사망 권세를 정복해버린 생명을 가지고 계신다. 첫째 사람은 땅에서 났고, 둘째 사람은 하늘로서 오신 주님이시다. 첫째 사람은 당연히 육신적일 수밖에 없지만, 둘째 사람은 영적이시다.

둘째 사람이신 예수 그리스도에 의해서 사는 모든 사람은 영적인 사람이다. "성령으로 난 것은 영이니"(요 3:6) 그리스도는 살아있는 혼이 아니라 살려주는 영이시다. 아담의 흙에 속한 본성 때문에, 아담에게서 물려받은 생명에는 (생명 자체가 부패되지는 않을지라도) 흙에 속한 특성이 배어있듯이, 그리스도께서 주시는 생명에는 그리스도의 본성이 배어있다. 따라서 죄로 인해서 영적으로 죽어 있는 영혼들에게는 공통적으로 육신성이 배어있기 마련이며, 영적으로 파괴되어 있으며, 하나님을 향해 죽어 있다.

하나님의 아들께서 "살려주는 영"이시다. 살려주는 영은 성령님이 아니라, 하나님의 아들이신 예수님이시다. 성령님은 이제 새로운 피조물 안에 내주하신다. 여기서 새로운 피조물은 "그리스도 안에" 있는 사람들을 가리키며, 살려주는 영이신 그리스도에게서 생명을 받은 사람들이다. 성령으로 난 사람은 영적인 사람으로서, 그 속에 이전과는 다른 독특한 생명의 원리가 작동하기 시작하며, 그 생명에 합당한 행동을 하며, 그 생명에 합당한 능력과 정서가 나타나게 된다. 따라서 바울은 "영으로 섬기고"(롬 1:9), "성령으로 살고 또한 성령으로 행하며"(갈 5:25), 성령으로 "하나님의 뜻을 알고"(골 1:9), "성령으로 말미암아 속 사람을 능력으로 강건하게 하고"(엡 3:16), 성령 안에서 양심을 지키고(롬 9:1), 성령 안에서 사랑하고(골 1:8), 성령 안에서 그리스도의 심장을 가지는 것(빌 1:8)에 대해서 말한다. 이러한 것들은 성령 안에서 살아가는 독특한 생명의 원리가 작용함으로써 나타나는 몇 가지 사례들에 지나지 않는다. 생명은 그 독특한 능력과 정서를 뿜어내는 샘물의 원천인 것이다. 그렇다면 이 생명은 장래 신령한 몸을 입게 될 근거가 될 것이다(고전 15:44 참조). 잠을 자는 것은 분명 몸에게만 해당된다. (고전 15:51,52을 보라.) 그렇다면 우리 영혼은 부패한 몸을 떠나 예수님에게로 가게 되며(행 7:59), 장래 부활의 날에는 영광스러운 몸을 입게 될 것이다.

"육으로 난 것은 육이요 성령으로 난 것은 영이니"(요 3:6)라는 구절에서 제시하고 있는 것은 참으로 복된 진리이다. 누군가 이런 말을 했다. "모든 신자의 인격에는 두 아담의 형상이 있다." 첫째 아담의 형상은 전적으로 죄악되다. 둘째 아담의 형상은 전적으로 의롭다. 둘째 아담, 곧 "살려주는 영이신" 그리스도에게서 나온 새로운 생명은 영이며, 새로운 피조물이며, 새 사람이며, 속 사람이며, 우리 속에 자리 잡은 거룩한(divine) 본성이며, 부활하신 예수님의 생명이다. 이제 성령님은 우리를 자신의 성전으로 삼으실 수 있게 되었기에, 충만케 하시며, 영적으로 윤택하게 하시며, 우리 속에 여전히 있는 옛 아담의 본성과의 싸움을 넉넉히 이길 수 있도록 성령의 힘으로 강건하게 하신다.

그리스도와 연합을 이룬 사람들이 새로운 피조물이다

이제 우리는 그리스도 예수 안에서 우리가 새로운 피조물이 된 것을 볼 수 있다. 그렇다면 이 사실은 우리를 성령님에 대한 또 다른 진실로 이끌어준다. 이 부분을 잠시 살펴보자. 우리가 영적인 사람이 되자마자 또는 예수님과 한 영이 되자마자, 주님과 연합을 이루자마자, 우리는 성령님이 자신의 성전으로 삼으실 수 있는 존재가 된다. 그렇다. 이 시대는 성령님이 우리를 그렇게 소유하신다. 그렇게 소유하실 수 있는 것은 우리 안에 계신 그리스도 때문이다. 성령님은 육신을 결코 자신의 소유로 삼으실 수 없었다. 게다가 율법은 우리를 육신에게서 벗어날 수 있게 해주지 못했다. 다만 은혜의 말씀만이 우리를 주와 한 영이 되게 해주었다. 그렇다. 성령님은 타락한 아담 안에 있는 육신을 인정하지 않으신다. 왜냐하면 아담은 성령이 내주하시는 성전(聖殿)이 아니었기 때문이다. 하지만 이제 성령님은 가련한 죄인들을,

믿음에 의해서, 하나님의 아들과 하나가 되게 하실 수 있다. 성령님이 개인들의 몸을 자신의 소유로 삼으시는 이유는, 거기에 주님이 계시기 때문이다(고전 6:17-19). 성령님이 성도들의 단체적인 몸, 또는 교회를 자신의 소유로 삼으시는 것도, 마찬가지로, 거기에 주님이 계시기 때문이다(엡 2:20,21). 성령님은 이렇게 개인과 교회를 자신의 성전으로 삼으시며, 거기에 거하신다. 왜냐하면 이 시대엔 주님이 그곳에 계시기 때문이다.

따라서 신자는 "영적인 존재"이고, 믿음에 의해서 "주와 하나"가 된 사람일 뿐만 아니라, 성령의 전(殿)이 된 사람이다. 성령님은 그리스도 안에 있는 사람에게 들어가셔서, 내주하신다. 이제 그 영께서는 신자의 영과 더불어 증거하신다(롬 8:16). 성령님은 신자에게 그가 자녀임을 증언하신다. 왜냐하면 믿음에 의해, 그는 하나님의 사랑하시는 아들과 하나이기 때문이다. 이제 성령님은 이 증거에 합하신다. 왜냐하면 성령님은 우리 속에 아들이 계신가를 확인하신 후 우리 속으로 들어오셨고, 이제 우리로 하여금 "아바, 아버지"로 부르짖게 하시기 때문이다.

성령의 내주와 새로운 피조물의 세계

그렇다면 "성령의 내주"는 계시의 문제일 뿐만 아니라 우리가 하나님의 아들과 하나가 되고, 우리가 (육신에 있지 않고) 성령 안에 있는 존재가 되는(our oneness with the Son, or our being "Spirit") 문제인 것이다. 그러므로 이는 기도해야 할 문제나 경험해야 하는 차원이 아니라, 다만 믿어야 할 진리인 것이다. 성령의 내주의 결과로, 달콤하고 신선할 뿐만 아니라 정결하게 해주는 열매가 반드시 겉으로 드러나게 되어있다. 많건 적건 우리는 신령한 마음을 거룩한 열심과 부지런함으로 계발하게 될 것이며, 하나님과의 교통은 더욱 생생해지고 또 심화될 것이다. 그러한 것이 곧 우리가 경험하게 될 새로운 피조물의 세계인 것이다. 따라서 우리는 성령의 내주를 경험하고자 애쓸 필요가 없으며, 다만 성령님이 내주하신다는 계시를 믿으면 된다. 경험에 이르는 행복한 길은 단순하게 계시를 믿는 믿음에 있다. 그렇다면 이후부터 우리는 책임 있는 사람으로 서게 된다. 우리 모두는, 이 시대엔, 성령으로 행할 거룩한 의무(또는 빚)를 가진 사람들이다. 왜냐하면 우리 속에 성령님을 모시고 있기 때문이다. 구약시대의 신자들은 "영적"일 수 없었다. 물론 선지자와 같은 사람들은, 성령님이 그에게 예언의 말씀을 주실 때에는 "영적"일 수 있었지만, 성령께서 항상 내주하시는 차원에서 영적인 존재가 되는 것과는 거리가 멀었다.

이 사실로부터 우리는 다음과 같은 사실을 엿볼 수 있다. 즉 성령님은 복음의 말씀을 통해서 주어진다는 것이다. 그렇다면 "말씀"이야말로 우리 속에 심겨지는 새로운 또는 영적인 생명의 씨앗이며, 우리는 믿음에 의해서 말씀을 받게 된다. 그 후에 성령님은 우리 속에 오시고 거하심으로써 우리는 영적인 존재가 되며 또한 주님과 하나가 된다. 이 사실은 우리에게 "은혜의 말씀"과 성령 사이의 차이점이 아니라 연결점을 보여준다. 은혜의 말씀은 죄인에게 자유를 주며, 양심을 정결하게 해주고, 우리를 아들과 하나가 되게 해주며, 따라서 성령님이 들어오시고 또 내주하실 수 있는 준비를 시킨다.

신구약 시대에 택함을 받은 모든 사람은 성령으로 난 사람들로서, 여자의 후손이시며 또한 새로운 피조물의 머리되신 그리스도에게서 하나님의 생명을 받은 사람들이다. 하지만 인자이신 예수님께서 영광을 받으실 때까지, 성령님은 오늘날처럼 택함을 받은 사람들 속에 내주하실 수 없었다. 성령님은 가끔 하나님의 종들에게 공적인 사역과 증거를 위해 주어지기도 하셨다(출 31장, 민 11:27, 신 34장, 삼상 10장, 역대상 28장, 느 9장). 어쨌든 그 점이 달랐다. 성경의 질서를 잘 관찰해보면, 성령님은 늘 하늘에 거하셨다(사 48:16). 하지만 이제는 성도들 속에 내주하고자 주어졌다. 성령님은, 지금 이 시대엔, 그 동일한 성경에 의해서 지상에 임하신 하나님으로 소개되고 있다(행 2:18, 18장, 엡 4장, 요 14:16).

새 일을 세상에 창조하는 것

우리는 지금까지 하나님의 위대한 것들을 묵상해왔다. 하지만 우리는 부활과 그 모든 결과들이 우리 하나님의 복되고 경이로운 목적을 나타내기 위한 것임을 약화시켜선 안된다. 내가 판단하기론, 하나님의 비밀은 창세로부터 부활에 터 잡고 있었다. 하나님께서 은혜롭게도 "나의 언약"으로 부르신 것은 부활의 원리 위에 세워진 것이었다. 이것은 하나님이 아담을 다루신 일을 통해서 나타났다. 이것은 여자의 씨에 대한 처음 약속에 의해서 암시되었다. 왜냐하면 여자의 씨는 자연적인 것을 초월하는 것이었고, 혈육을 초월하는 것이었기 때문이다. 선지자 예레미야는 그것을 "새 일을 세상에 창조하는 것"(렘 31:22)이라고 불렀다. 그 일은 하나님의 아들께서 성육신을 통해서 여자의 후손이 되는 것으로 성취되었고, 그 일은 엄청난 결과를 내었다. 즉 뱀의 머리를 깨뜨려버린 것이다. 우리는 이 모든 일을 통해서 그리스도의 위격 또는 그리스도의 사역이 주는 은택을 입고 있다. 이제 우리가 그리스도를 아는 것은 부활 안에서 아는 것이어야 한다. 따라서 사도 바울도 "우리가 이제부터는 아무 사람도 육체대로 알지 아니하노라 비록 우리가 그리스도도 육체대로 알았으나 이제부터는 이같이 알지 아니하노라"(고후 5:16)고 말하고 있다. 우리는 뱀을 상하게 할 여자의 후손에 대한 처음 약속을 통해서 부활의 그리스도에 대한 예시를 볼 수 있으며, 그렇게 상하게 한 결과를 통해서, 오직 그 결과에 의해서 임하게 된 완전한 열매를 누릴 수 있게 되었다. 이후에 부활은 하나님의 비밀 또는 하나님께서 노아와 맺으신 언약과 연결되어 있다. "모든 혈육 있는 자의 강포가 땅에 가득하므로 그 끝 날이 내 앞에 이르렀으니 내가 그들을 땅과 함께 멸하리라 너는 잣나무로 너를 위하여 방주를 짓되"(창 6:13,14) 여기서 또 다시 부활은, 하나님께서 자기 앞에 있는 모든 육체의 전적인 부패를 보셨을 때, 하나님이 안도하실 수 있는 것 또는 하나님이 가지신 자원이었다. 왜냐하면 방주는 노아를 옛 창조세계에서 새로운 창조세계로 옮겨주는 하나님의 구원의 병거였기 때문이었다. 방주는, 다시 말해서, 죽음과 부활의 상징이었다. 주님은 노아에게 "내가 홍수를 땅에 일으켜 무릇 생명의 기식 있는 육체를 천하에서 멸절하리니 땅에 있는 자가 다 죽으리라 그러나 너와는 내가 내 언약을 세우리니"(창 6:17,18)라고 말씀하셨다. 이는 하나님의 언약에 담긴 비밀을 계시해주는 것이었다. 즉 옛 창조세계에 대한 하나님의 목적은 죽음이 세상을 파괴시킨 후 새로운 조건 위에서, 즉 부활의 터 위에서 세상을 새롭게 세우는 것이었다.

하나님의 섭리의 중심에 있는 부활

이것은 하나님께서 아브라함을 다루시는 가운데서도 나타났다. 아브라함은 동일한 원리 위에서 아들과 기업을 얻을 수 있었다. 아브라함과 사라는 자녀가 없었고, 자신의 발을 디딜 만한 땅도 없었다. 하지만 그는 하늘에 있는 별처럼 무수한 자녀를 얻을 것이며, 동서남북으로 보이는 땅을 기업으로 얻을 것이란 약속을 받았다. 이것은 하나님이 아브라함과 맺은 언약이었으며, 이것은 또 다시 우리에게, 육신이 배제되고 또 그 육신의 힘과 자원을 다 상실하고 난 후, 즉 부활에 터 잡고 있는 하나님의 목적 또는 비밀 또는 언약을 말해준다. 이 모든 일은 자연적인 육체의 한계 밖에서 이루어지는 일이며, 그러한 것이 부활 또는 죽은 자를 살리시고 또 사라의 몸이 죽은 것 같은 무기력한 상태에서도 하나님의 권능에 의해서 되는 일이었다. 그렇다면 이삭은 아브라함과 사라의 죽은 것 같은 몸에서 태어난 것이었다. 하나님은 언약을 이삭과 맺으셨다. 이스마엘도 복을 받을 것이지만, 하나님은 오직 이삭하고만 언약을 맺으셨다. 이것은 우리에게 하나님께서는 자신의 행하시는 원리가, 즉 하나님의 섭리의 중심에 부활이 있다는 것을 말해준다. 사람은 육체적인 복을 받을 수 있고, 이스마엘이 받은 것과 같은 넘치는 약속과 복을 날마다 기뻐할 수는 있지만, 그럼에도 하나님은 언약을 이삭하고만 맺으셨다. 신령하고 영구적인 복 그리고 확실한 복은 이 세상에 속한 육체적이고 육신적인데 있지 않고 장차 오는 세상에서의 부활에 있다.

아브라함이 얻게 될 기업(inheritance, 基業)은, 씨 혹은 후사와 마찬가지로 부활을 통해서 받게 될 것이다. 기업으로 얻게 될 땅은 잠시 썩어짐의 종노릇 아래 있다. 아모리 족속이 자신의 죄를 채울 때까지 땅은 그들의 손에 있게 될 것이다. 하지만 때가 되면 썩어짐의 구덩이에서 회복될 것이다. 이것은 침례 또는 할례를 통해서 나타났다. 모든 것이 거룩케 되는 성화의 과정을 거치게 될 것이다. 문둥병자의 집이 정결하게 되는 율례처럼 죽은 새와 산 새를 통해서 정결하게 될 것이다. 이 율례는 부활을 상징하고 있는데, 하나님과 언약관계에 있는 백성들에게 절대적으로 필요한 일이다. 부활을 통과한 기업이 부활한 백성의 소유가 될 것이다. 가나안 땅은 전체 피조물의 본보기였다. 지금 피조물은 죽은 상태로 있지만, 장차 영광 가운데 다시 회복될 것이다(롬 8장).

율법은 자신의 소임을 다하고 있다. 하지만 율법은 하나님의 언약이 아니었다. 그것은 사람의 언약이었다. 왜냐하면 율법은 혈과 육에 대한 원리이기 때문이다. 혈과 육 또는 자연인의 힘을 통해서 성취되어야 하는 법이었기 때문에, 율법은 사람의 언약이지 하나님의 언약이 아니었다. 따라서 사람이 율법을 통해서 아무 복도 얻을 수 없다는 사실을 확신하게 되면, 그 역할은 끝난다.

새로운 피조물의 머리이신 예수 그리스도

이제 하나님께서 육신으로 나타나셨다. 하나님의 아들께서 성육신하신 것이다. 우리와 동일한 육체를 입으셨지만, 그럼에도 아들의 인성에는 아무 흠이 없었다. 하나님의 아들께서는 자신의 완벽한 인성을 하나님께 아름다운 제물로 드리셨다. 그분의 인성 안에 있는 혈과 육은 하나님이 보실 때 세세무궁토록 아름다운 창조세계의 일면이었다. 그것은 실로 누룩을 넣지 않은 소제였고, 땅의 소산물 가운데 요제로 드리는 첫 곡식 단이었다. 이처럼 여자의 후손으로, 약속된 메시아로 뱀의 머리를 짓밟을 수 있으려면, 육신에 속한 것이 전혀 없어야 했다. 혈과 육에 속한 것은 아무 가치가 없을 뿐만 아니라 공로적인 죽음에 기여할 수 있는 것도 없었다. 아무 점도 없고, 흠도 없는 죽음에 의해서 이 여자의 후손, 곧 그리스도는 사망 권세를 가진 자, 곧 사망을 가져온 옛 뱀을 멸망시킬 수 있었다. 그렇다면 하나님의 아들 안에서 혈과 육은 종말을 맞이한 것이다. 그러므로 우리는 더 이상 그리스도를 육체대로 알아서는 안된다. 이제 우리는 그리스도를 죽었다가 다시 사신 자, 새로운 피조물의 주님으로 알아야 한다 (고후 5:15). 이를 위하여 그리스도는 옛 창조세계를 회복하는데 필요한 모든 것을 성취하셨다. 이제 우리는 새로운 창조세계에서 그리스도와 함께 서있다. 우리는 죽었다가 다시 살아난 백성이며, 그리스도 예수로 자랑하고 육체를 신뢰하지 아니하는 참

할례당이다(빌 3:3).

주님께서 육신의 종말을 내다보셨을 때, 부활을 염두에 두시면서 안심하셨다는 사실을 언급하지 않을 수 없다. 주님께서 예루살렘을 방문하셨을 때 일어난 일을 생각해보자. (마가복음 11장을 보라.) 주님은 예루살렘에 내려가셨다. 주님은 사람들을 노아시대의 사람들처럼 바라보셨다. 모든 사람이 악했다. 그래서 주님은 열매를 맺지 못하는 무화과 나무에 빗대서 그 사실을 "이제부터 영원토록 사람이 네게서 열매를 따먹지 못하리라."(막 11:14)고 말씀하셨다. 이처럼 육신에 대한 불운한 운명을, 예루살렘에서, 그것도 사람들이 가장 선망하는 도시에서 그렇게 선언하시고, 베다니로 가셨다. 베다니는 무엇이었을까? 바로 부활에 대한 증거였다. 바로 그곳에서 나사로가 죽은 자 가운데서 살아났던 것이다. 그리고 거기엔 부활에 대한 믿음을 가진 마리아가 있었다. 이처럼 베다니는 예수님의 마음에 안도감을 주는 곳이었다. 마치 노아시대에 잣나무로 만들어진 방주 안에 있는 것과 같았다.

부활을 유일한 목표와 자원으로 삼으라

이 모든 것을 생각해볼 때, 믿음이야말로 우리의 의무이다. 왜냐하면 믿음은 우리를 언약에 대한 하나님의 계획 속으로 들어가게 해주기 때문이다. 믿음은, 하나님이 말씀하신대로, "모든 혈육 있는 자의 강포가 땅에 가득하므로 그 끝 날이 내 앞에 이르렀도다"라고 말할 것이며, 하나님과 같은 입장에 서서, 잣나무로 만들어진 방주, 곧 부활을 자신의 유일한 목표와 자원으로 삼을 것이다. 부활은, 찬송 받으실 하나님께서 약속하셨고 또 목적하셨던 유일한 것이었던 것처럼, 우리 또한 바라보아야할 유일한 것이다. 이처럼 믿음은 우리를 하나님과 하나님의 비밀 속으로 들어가게 해준다. 보배로운 믿음을 가진 사람만이 영적인 통찰력을 가지고 하나님의 마음이 머무는 곳을 바라볼 것이며, 하나님이 성취하신 사역에 대한 확신을 굳게 가질 것이다.

이처럼 보배로운 소망은 우리로 하여금 이스마엘이 받은 세상에 속한 복을 넘어서게 해주며, 하나님을 따라서 부활 안에 있는 하늘 기업을 바라보도록 거룩한 갈망을 가지게 해준다. 그렇다면 이 옛 창조에 속한 세상은 하늘에 이르는 도로 또는 대기실에 불과하다. 부활에 대한 믿음이 없다면, 하나님의 능력을 경험할 수 있는 방법이 없다(마 22:29). 그렇다면 하나님을 알 수도 없다(고전 15:34). 왜냐하면 이 옛 창조는 하나님을 온전히 나타내고 있지 않기 때문이다. 오직 구속(救贖)만이 우리를 부활로 인도한다.

부활과 연결된 성령님의 마음

이처럼 경이로운 부활의 비밀에 대한 이야기를 마치기 전에, 고린도후서 5장에 나타난 부활과 연결된 성령의 마음에 대해서 살펴보자.

내가 믿기론, 고린도후서 5장의 초반부에는 성막과 성전에 대한 암시가 있는데, 이 둘은 연속해서 언약궤가 머무는 처소였다. 성막은 광야를 통과하는데 필요한 처소였고, 다양한 천 조각들과 널판들로 만들어진 일시적인 것이었다. 그래서 모든 것이 광야를 통과하는 동안 찢어지고, 썩어지고 망가질 수밖에 없었다. 때가 되자 성전이 세워지고, 움직일 수도 없고 썩어질 수도 없는 영구적인 처소로 서게 되었다. 이 성전은, 매력적인 데가 없었던 성막과는 달리, 사람들에 눈에 매우 값진 것이었다. 성막은 겉으로 보기엔 거칠게 보이는 수달 가죽으로 된 집이었지만, 모든 영광이 그 속에 숨겨져 있었다. 반면에 성전은 모든 사람의 눈에 장엄한 모습을 띠고 있었다. "보소서 이 돌들이 어떠하며 이 건물들이 어떠하니이까!"(막 13:1)

그럼에도 불구하고, 성막과 성전 모두 동일한 언약궤를 담고 있었다. 언약궤는 이곳 저곳을 옮겨 다녔지만, 주변 모든 것의 중심을 차지하고서, 보이지 않지만 영광을 뿜어내고 있었다. 사도 바울은 여기서 우리에게도 마찬가지임을 암시하고 있다. 우리는 성령의 보증을 가지고 있고, 우리 속에 하나님의 생명, 곧 살려주는 영이신 예수님에게서 온 생명을 가지고 있으며, 우리 속에는 성령님이 내주하고 계신다. 결국 이 사실이 가장 중요하다. 이것은 언약궤를 우리 속에 모신 것과 같다. 성막 또는 성전은 다만 부차적인 것에 불과했다. 우리의 낮고 천한 몸에 영광스러운 세입자께서 들어와 살고 계신다. 따라서 땅에 있는 우리 장막 집은 머지않아 "하나님께서 지으신 집 곧 손으로 지은 것이 아니요 하늘에 있는 영원한 집"(고후 5:1), 곧 영광스러운 몸을 입을 것이다. 그러므로 동일한 궤, 동일한 그리스도, 동일한 영인 것이다. 이로써 하나님은 하나님의 뜻을 따라 결정적으로 또는 간단하게 우리를 자신의 소유로 삼으신 사실을 나타내신다. "곧 이것을 우리에게 이루게 하시고 보증으로 성령을 우리에게 주신 이는 하나님이시니라."(고후 5:5) 하나님은 이미 자신의 일을 마치셨다. 하나님께서 처음엔 성막을, 이후에는 아름다운 성전을 지으심으로써 보이지 않게 자신의 거처로 삼으셨던 것처럼, 지금은 우리 속에 하나님의 마음 혹은 하나님의 나라를 두셨다. 하나님은 이미 자신의 손을 우리에게 펼치셨고, 자신의 영광을 우리 속에 허락하셨으며, 그것을 확고히 하는 뜻에서 우리에게 성령님을 "보증"으로 주심으로써 우리를 지키고 보호하시는 하나님의 뜻을 나타내셨다. 믿음은 이 사실을 알고 즐거워한다.

더 큰 영광이 우리 앞에 있다

고린도후서 5장 1-2절을 써나가면서 사도 바울은 창조되었던 아담을 염두에 두고서 이렇게 말한다. "이렇게 입음은 벗은 자들로 발견되지 않으려 함이라."(3절) 아담은 벌거벗었다. 아담이 벌거벗고 있었다는 것은, 그의 무의식성 또는 무죄성을 의미하는 것이기도 했지만, 이제는 그가 위험에 노출되어 있음과 법적인 책임을 지고 있는 것도 의미했다. 왜냐하면 그는 단지 피조물에 불과했고, 또한 원수의 공격에 완전히 노출되어 있었기 때문이다. 하지만 성도가 하나님의 집을 입게 되면, 그는 더 이상 벌거벗지 않고 노출되지도 않을 뿐만 아니라 옷을 입고 안전하게 될 것이다. 그렇다면 그때에는 단지 피조물에 불과한 것이 아니라 하나님의 새로 지으심을 받은 피조물이며, 하나님이 친히 지으신 집을 입은 사람이 될 것이다. 따라서 옷을 입는다는 것은 더 이상 벌거벗지 않는다는 것이고, 더 이상 책임의 문제가 없다는 뜻이다. 또 다시 첫째 아담의 자리에 들어가는 것이 아니다. 이 사실로부터 사도 바울은 매우 중요한 결과를 도출해낸다. 16절을 보자. "그러므로 우리가 이제부터는 아무 사람도 육체대로 알지 아니하노라." 바울은 부활에 대해서 충분히 검토했다. 그는 땅에 있는 장막 집과 하늘에 있는 영원한 집의 차이점을 영적으로 볼 수 있었다. 하늘에 있는 영원한 집은 땅에 있는 우리의 장막 집과는 너무도 큰 차이가 있다. 바울은 하나님을 그 영원한 집의 건축자로, 그리고 그 집에 성령님을 내주하도록 주시는 분으로 소개했다. 바울은 영광으로 옷을 입는 것을 무죄한 상태에서 벌거벗고 있는 것 보다 더 가치 있는 것으로 여기면서 갈망했다. 이 모든 것을 알고 또 충분히 인식한 상태에서 바울은 육신 또는 옛 창조를 기꺼이 떠나보내고자 했다. 바울은 다시 육신으로 돌아갈 수 없었다. 바울은 "더 큰 영광"을 보았다(고후 3:10). 그는 부활 안에서, 즉 하나님의 아들이신 그리스도 안에서, 땅과 육체로 시작되었던 옛 창조를 초월하는 새로운 창조를 볼 수 있었다. 그는 다시는 육신을 신뢰할 수 있는 것으로 볼 수 없었다. 그렇다. 육체 가운데 계신 그리스도가 부활 가운데 계신 그리스도로 대체되었다. 육체 가운데 계신 그리스도는 충분히 아름다운 분이셨고, 지금까지 설명해온 옛 창조의 가장 아름다운 부분이었다. 율법이 영광을 가지고 있었던 것처럼, 옛 창조도 영광이 있었다. 하지만 율법의 영광과는 달리, 육체 가운데 계신 그리스도의 영광은 지금도 빛을 발하고 있다. 바울은 거기서 돌이켜 "더 큰 영광"으로 나아갔다. 다시 말해서, 바울은 자신의 눈으로 친히 부활의 영광을 보았을 때, 육체 가운데 계신 그리스도를 포기했던 것이다.

새로운 피조물이 되는 것이 바울 복음의 핵심이다

우리 앞에 이처럼 영광스러운 자리를 소개하고, 이러한 영혼의 태도를 가질 것을 자신을 본보기로 삼아 보여준 후, 사도 바울은 속히 우리에게 이 주제가 자신이 본 비전을 성취하는 것이며, 자신의 사역의 주요한 특징인 것을 밝히고 있다. 하나님의 아들 안에서 새로운 피조물이 되는 것이야말로 바울이 전파하는 복음의 핵심이었던 것이다. 그렇다면 이것은 하나님께서 친히 주도하시고 온전케 하시는 엄청난 화해의 대역사인 것이다. 이 화해의 복음이 선포됨에 따라, 반역적인 죄인들은 예수를 통해서 하나님에게로 돌아올 수 있었을 뿐만 아니라 하나님 앞에서 당당하게 걸을 수 있는 자유를 누릴 수 있게 되었다. 이제 더 이상 하나님을 떠나 멀리 있거나 어둠 가운데 있지 않고, 더 이상 죄 가운데 죽어있는 상태에 있지도 않고, 거룩한 빛과 자유를 만끽하면서, 예수 그리스도를 믿는 자에게 값없이 주시는 하나님의 의(義)를 확신하고 즐거워할 수 있게 되었다.

이러한 것이 새로운 피조물이 주는 현재적인 측면이다. 머지 않아 우리는 지금까지 바라보고 사모해온 부활의 상태에 들어가게 될 것이며, 거기에서 우리가 영적인 통찰력으로 보았던 영광을 옷 입음으로써 온전하게 될 것이다. 그 세계가 우리의 영원한 세계가 될 것이며, 영광스러운 몸을 입고 하나님의 공의 가운데 빛을 발하게 될 것이다. 우리의 존재는 첫째 아담 혹은 육신 가운데서 살고 또 움직이는 존재가 아니라, 오직 그리스도 안에서, 영광 가운데 살고 움직이는 존재가 될 것이다. 마침내 새 하늘들과 새 땅이 임하게 될 것이다. "처음 것들이 다 지나갔음이러라."(계 21:4) 그때 나라를 아버지 하나님께 바치실 것이고(고전 15:24), 하나님께서 "만유의 주로서 만유 가운데" 계실 것이다(고전 15:28).

이제 보좌에 앉으신 이가 말씀하신다.
"보라 내가 만물을 새롭게 하노라."(계 21:5)

"우리는 그의 만드신 바라 그리스도 예수 안에서 선한 일을 위하여 지으심을 받은 자니" (엡 2:10)

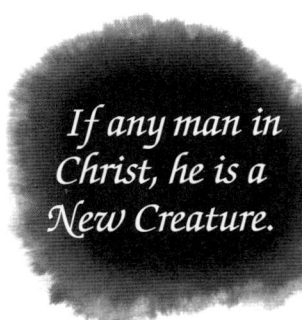

제 2장 새로운 창조의 목적
by 윌리엄 C. 레이드

성경에서 "창조(creation)"란 말은 다양한 방식으로 언급되고 있는데, 각 경우마다 하나님의 성도들에게 교훈을 주려는 특별한 목적을 보여준다. 예를 들어, 잠언 8장 22-31절은 우리 앞에 주 예수님을 하나님의 섭리를 성취하시는 인자로(as the Man of God's counsels) 제시하면서, 하나님의 기쁨과 영광을 위하여 사람의 아들들 가운데서 자신의 동료들을 찾고 있는 장면을 그리고 있다. 요한복음 1장, 골로새서 1장, 그리고 히브리서 1장은 하나님 아들의 위격의 영광을 선포하고 있다. 반면 에베소서 3장은 우리에게 창조의 현재적 목적을 말해주는데, 곧 교회를 통해서 하늘에 있는 지적이고 영적인 존재들에게 하나님의 각양 지혜들을 알리는 것이다. 창조에 대한 가장 세밀한 설명은 창세기 1장과 2장에 있다. 창세기는 사람을 창조의 머리와 중심으로 설명하고 있다.

옛 창조의 파멸

하나님께서 말씀을 통해서 "새로운 피조물"을 말씀하신 것은 아담과 연결되어 있는 옛 창조가 낡아지게 되었고, 따라서 사라져가고 있음을 의미한다. 성경은, 옛 창조가 사람의 죄로 인해서 파멸상태에 있음을 보여주면서, 이 사실을 확증하고 있다. 아담이 타락했을 때, 그의 머리됨 아래 있던 모든 것은 타락의 결과에 참여할 수밖에 없었다(롬 8:19-22). 하나님은 성경을 통해서 옛 창조가 소멸되어 사라져버리기 전에, 아담으로 말미암아 초래된 모든 피조물의 썩어짐의 종노릇하던 데서 해방되는 길을 마련하셨음을 보여주셨다.

옛 세상의 사라짐: 새로운 세상의 시작

아담에게서 파생되어 나온 인류는 옛 창조와 연결되어 있으며, 날 때부터 본성적으로 죄인일 뿐만 아니라 실제 행위에 있어서도 죄인이다. 아담의 첫 번째 아들 가인은 동생 아벨을 살해함으로써 사람의 본성 속에 새겨진 증오심을 그대로 드러내었다. 아벨의 피로 물든 세상은 이내 부패하게 되었고, 하나님은 홍수로 정결케 하셔야만 했다. 새로운 세상이 물에서 나왔을 때, 노아가 새로운 세상의 머리가 되었다. 하지만 가련한 노아도 자기 자신을 억제할 수 없었으니, 하물며 새로운 세상을 어찌 감당할 수 있었겠는가? 비록 그가 새로운 세상에 들어간 것은 사실이었지만, 그럼에도 그가 새로운 피조물이 된 것은 아니었다. 이어지는 모든 세대와 사람에 대한 하나님의 섭리가 발전되어 가는 것을 보게 되면, 인간은 구제불가능한 존재이며 또한 옛 창조는 회복 불능의 상태로까지 파멸되어 있음을 선명하게 볼 수 있다. 노아의 머리됨은 훼손되었고, 제사장 제도는 아론의 아들들 때문에 더럽혀졌다. 사무엘의 아들들은 법도대로 행하지 아니했으며 이익을 따라 뇌물을 취했고 잘못된 재판을 했다. 하나님의 나라를 맡은 다윗의 아들들과 이스라엘의 왕들, 그리고 이방 군주들도 성실하지 못했다. 이 모든 악은 하나님의 아들께서 이 세상에 오셨을 때, 그분을 거절함으로써 절정을 이루었다. 하나님의 아들을 십자가에 매달아버린 세상은 그 실상을 드러내었고, 세상은 심판으로 그 운명이 끝나도록 확정되었다.

옛 창조의 파멸 상태에서 일하시는 하나님의 역사

유대인들이 안식일에 병자를 고친 일로 주 예수님을 핍박했을 때, 주님은 "내 아버지께서 이제까지 일하시니 나도 일한다."(요 5:16,17)고 대답하셨다. 에덴동산에서 인간이 타락한 순간부터 하나님의 안식은 깨어진 것처럼 보이며, 하나님은 최종적으로는

"새로운 피조물"을 염두에 두시고 새로운 일을 시작하셨다. 하나님 아버지의 활동과 보조를 맞추어서, 아들께서는 인성을 입고 이 땅에 오심으로써, 아버지께서 자신의 사랑 안에서 안식하실 수 있는 환경을 만드는 일을 하셨고, 더 이상 하나님의 마음을 근심시킬 수 있는 무슨 죄나 악이 침입할 수 없는 전혀 새로운 세상을 만들고자 하셨다. 이 일을 확실히 하고자, 아들께서는 이 땅에서 수고하고 또 고생하셔야만 했으며, 새로운 피조물의 영광이 전에 죄인 되어서 하나님을 떠났던 사람들에게 광활하게 비추는 새로운 세상을 만드시는 일의 토대를 놓는 일에 자신의 생명을 내놓으셨다.

영광의 그릇을 준비하는 일을 하시는 하나님의 역사

하나님의 영광의 풍성 가운데서 하나님은 영광에 이르도록 예비된 자비의 그릇들을 준비하는 일을 하신다(롬 9:23). 이 자비의 그릇들은 다름 아닌, "하나님께서 지으신 집 곧 손으로 지은 것이 아니요 하늘에 있는 영원한 집"을 기다리는 동안, 지금은 땅에 있는 장막 집에 거하고 있는 성도들을 가리킨다(고후 5:1,2). 하나님은 이처럼 영광스러운 운명에 들어가도록 성도들을 영적으로 새로운 피조물로 빚는 역사를 하신다. 비록 성도들이 그 몸으로는 탄식하는 피조물과 연결되어 있어서 "속으로 탄식하여 양자될 것 곧 우리 몸의 구속을" 기다리고 있긴 하지만, 성도들은 이미 영적인 상태에서는 새로운 피조물이 된 것이다. 옛 창조의 파멸 상태에서, 하나님은 새로운 피조물의 영광이 나타나게 될 그릇들을 만드는 일을 하고 계신다. 우리는 이에 대한 아름다운 그림을 역대하 4장에서 볼 수 있다. 역대하 4장은 성전이 완공된 후 하나님의 성전에 들여놓을 성전 그릇들에 대한 설명을 한 후에, "왕이 요단 평지에서 숙곳과 스레다 사이의 차진 흙에 그것들을 부어 내었더라."(17절)고 말하고 있다.

증거의 그릇들을 준비하는 일을 하시는 하나님의 역사

하나님은 장래 영광을 위하여 지금 성도들을 준비시키는 일을 하신다. 그렇다면 하나님의 새로운 창조의 역사는 하나님의 영광이 여기 이 땅에서도 나타나도록 하는 일에 쓰임을 받을 수 있는 거룩한 그릇들을 만드는 일인 것이다. 에베소서 2장은 이 사실을 가르치고 있다. "우리는 그가 만드신 바라 그리스도 예수 안에서 선한 일을 위하여 지으심을 받은 자니 이 일은 하나님이 전에 예비하사 우리로 그 가운데서 행하게 하려 하심이니라."(10절) 선한 일은 육신 안에 있는 사람, 즉 구원은 받았지만 여전히 육신적인 사람이 할 수 있는 일이 아니다. 오로지 그리스도 안에서 새로운 피조물이 사람들만이 하나님을 영화롭게 하며 또한 하나님을 기쁘시게 하는 방식으로 일을 할 수 있는 능력을 부여받는다. "그리스도 예수 안에서" 새로이 지으심을 받음으로써 우리는 그리스도의 성품에 참여하는 자가 되고, 따라서 하나님의 영광과 아름다움을 드러낼 수 있는 영성을 가진 사람이 된다.

이로써 우리는 하나님의 현재적 승리에 속한 것이 무엇인지를 배울 수 있다. 그리스도를 십자가에 매달아 죽게 했던 사탄은 분명, 자신이 완전한 승리를 거두었다고 생각했을 것이다. 하지만 하나님은 그 십자가를 통해서 그리스도 안에서 새로운 창조의 역사를 일으킴으로써 그리스도의 질서와 성품을 가진 그릇들을 만드실 수 있었고, 지상의 삶을 사는 동안 그리스도 안에서 그처럼 웅비하는 생명력으로 용솟음쳤던 하늘에 속한 삶(the heavenly life)을 이어가도록 하셨다.

육신과 새로운 피조물의 관계

고린도후서 5장에서 새로운 피조물이란 주제는 "그러므로 우리가 이제부터는 어떤 사람도 육신을 따라 알지 아니하노라 비록 우리가 그리스도도 육신을 따라 알았으나 이제부터는 그같이 알지 아니하노라 그런즉 누구든지 그리스도 안에 있으면 새로운 피조물이라 이전 것은 지나갔으니 보라 새 것이 되었도다."(16,17절)라는 구절로 소개되고 있다. 육신대로 말하면, 주 예수님은 이스라엘 사람이고, 다윗의 아들이시다. 하지만 이제 주님의 죽음과 부활로 인해서 주님의 지상에 속한 관계들은 더 이상 아무 의미가 없게 되었고, (유대인 또는 이방인의 구분을 떠나) 오로지 새로운 피조물이 된 사람들만 주님과 연합을 이룬 사람들이 되도록 했다. 주님의 혈육에 속한 관계들은 십자가에서 끝났다. 주님이 자신의 어머니를 향해서 "여자여 보소서 아들이니이다"(요 19:26)라고 말씀하신 후에, 다시 요한에게 "보라 네 어머니라"고 말씀하셨다. 이 사실은 주님이 막달라 마리아에게 "나를 붙들지 말라 내가 아직 아버지께로 올라가지 아니하였노라 너는 내 형제들에게 가서 이르되 내가 내 아버지 곧 너희 아버지, 내 하나님 곧 너희 하나님께로 올라간다 하라"(요 20:17)고 하셨을 때, 다시 한 번 강조되었다. 이 말씀들을 보면, 마리아는 그리스도를 더 이상 육체로 알 수 없을뿐더러, 부활을 인해서 주님은 자기 사람들과 새로이 맺게 된 이전과는 전혀 다른 관계를 계시하고 있음을 볼 수 있다. 제자들은 이전에 주님의 "친구"(요 15:14,15)로 불렸는데, 이것은 주님이 부활을 통해서 새로운 생명의 상태에 들어가기까지만 유효한 것이었다. 이제 제자들은 부활로 인해서 그리스도의 "형제들"(요 20:17)로 불리게 되었다.

옛 것은 지나가고, 모든 것이 새롭게 되었다

사람에 의해서 부패하고 타락되어 버린 옛 창조에 속한 모든 것들은 새로운 창조로 인해서 더 이상 그들의 자리가 없다. 이 영적인 영역에 속한 모든 것은 전혀 새로운 것일 뿐만 아니라 모든 것이 하나님께 속해 있다. 새로운 피조물에 속한 삶과 관계도 새롭다. 뿐만 아니라 새로운 피조물에 속한 정서, 기쁨, 복, 풍성, 그리고 영광들도 새롭다. 이 새로운 질서 가운데 우리의 생각과 감정도 새로워졌을 뿐만 아니라 마음의 갈망조차도 새롭게 되었고, 이렇게 새로이 지으심을 받게 된 사람들의 지성적인 성향도 (거듭난 일이 없는) 자연인으로서는 결코 알 수 없는 것들을 향해서 움직이는 새로운 방향성을 갖게 되었다. 옛 창조에 속한 많은 것들이 육신에 속한 것들이었다면, 새로운 피조물에 속한 것들은 모든 것이 하나님께 속한 것들 밖에 없다. 새로운 피조물의 세계에는 인간 세상에 속한 원리라곤 전혀 없다. 인간 철학 또는 인간 학문도 없고, 인간의 도시를 세련되게 꾸며줄 건축 공학도 없고, 육신에 호감을 주고 육신을 매료시킬 것도 없다.

화목과 새로운 피조물

이처럼 새로운 피조물에 속한 모든 것은 예수 그리스도로 말미암아 자신과 우리를 화목시키신 하나님께 그 뿌리를 두고 있다. 분명 하나님은 우리를 자신에게 속한 것들과 연결시킴으로써 하나님과의 바른 관계에 있도록 하셨다. 그 아들의 죽음을 통해서 하나님은 전에 멀리 있던 우리를 가까이 이끄셨고, 성령님을 선물로 주심으로써 하나님의 사랑이 우리 마음에 부어지게 하셨으며, 전에 하나님을 향해 품었던 악한 감정을 버리게 하셨다. 이제 하나님 앞에서 하나님의 사랑을 품은 자로 서있게 해주었고, 하나님이 새로 지으신 피조물로서 그 사랑하는 아들 그리스도를 중심으로 해서 펼쳐지는 새로운 피조물의 경이로움을 마음껏 누리는 자가 되게 해주셨다. 이 두 가지 사항은 고린도후서 5장과 연결되어 있는데, 우리는 이 두 가지 내용을 에베소서 2장 16절에서도 볼 수 있다. 에베소서를 보면, 유대인과 이방인은 하나의 몸으로서 하나님과 함께 화목을 이루고 있다. 새로운 창조를 통해서 그리스도의 몸을 이루게 된 교회는 그리스도의 아름다운 미덕들을 지금 지상에 드러낼 뿐만 아니라, 장차 오는 여러 세대에 하나님의 영광을 드러내줄 그릇인 것이다.

그리스도 안에 있는 한 사람

성령의 감동을 통해서 사도 바울은 고린도후서 5장에서 "누구든지 그리스도 안에 있으면 새로운 피조물이라"(17절)고 말했다. 그리고 고린도후서 12장은 그리스도 안에 있는 한 사람의 경험을 우리에게 말해준다. 추상적인 방식으로 그저 그리스도 안에 있는 한 사람으로 자신을 소개하고 있는 사도 바울은, 그리스도 안에 있는 사람들의 집인 셋째 하늘들에 이끌려 올라가게 된 이야기를 우리에게 해준다. 그곳, 기쁨의 장소인 낙원에 이끌려 가게 된 바울은 지상에 있는 사람들이 전혀 이해할 수 없고, 그 모든 것을 말로 다 표현할 수 없는 것들을 들었다. 현재 우리가 입고 있는 혈과 육의 상태는, 우리가 그리스도 안에서 소유하고 있는 복을 온전히 알 수 없는 한계를 가지고 있다. 왜냐하면 우리는 다만 "거울로 보는 것 같이 희미하게" 볼 뿐이기 때문이다(고전 13:12). 하나님이 우리에게 은혜로 주신 것들 가운데, 우리가 알 수 있는 것들이 상당히 많이 있다. 하지만 하나님이 자기를 사랑하는 자들을 위하여 예비하신 모든 것은 눈으로 보지 못하고 귀로 듣지 못하고 사람의 마음으로 생각하지도 못하였던 것들이다. 다만 하나님이 성령으로 이것을 우리에게 보이셨다. 왜냐하면 성령님은 모든 것 곧 하나님의 깊은 것까지도 통달하시기 때문이다(고전 2:9,10).

새 사람, 그리고 새로운 피조물

주 예수님이 지상에 계실 때, 아버지께서는 하늘들을 여셨고 "이는 내 사랑하는 아들이요 내 기뻐하는 자라"고 말씀하셨다(마 3:17). 여기에 모든 사람과는 전적으로 다른 한 사람이 있었다. 하나님의 목적은 그리스도와 같은 인류를 얻으시는 것이었다. 이제 "새 사람"을 통해서 이러한 인류가 새로이 창조되었다. 유대인과 이방인은, 율법 때문에 서로 적대관계에 있었던 사람들이었다. 하지만 그리스도는 십자가를 통해서 서로 대적하는 마음을 제거하셨고, 이제 자기 안에서 이 둘을 한 "새 사람"으로 새로이 지으셨으며, 이제 화평을 이루셨다. 이 둘은 결코 하나님을 기쁘시게 할 수 없었다. 따라서 전적으로 새로운 종류의 사람이 창조되어야 했으며, 그것도 그리스도의 아름다운 미덕을 온전히 갖춘 사람이 창조되어야 했다. 이 새 사람은 "하나님을 따라 의로움과 참 성결로"(엡 4:24) 새로이 지으심을 받았다. 따라서 이 새 사람 속에는 "헬라인과 유대인이나 할례당과 무할례당이나 야만인이나 스구디아인이나 종이나 자유인이 분별이 있을 수 없으며 오직 그리스도는 만유시요 만유 안에 계시는"(골 3:11) 분으로 존재하신다. 새 사람 속에는 이처럼 다양한 종류의 사람들이 가진 차이점이 전혀 없을 뿐만 아니라, 자신만의 독특한 특색을 나타내는 사람도 없다. 왜냐하면 각 사람의 특징적인 모습이 다 그리스도에게서 나오기 때문이다. 따라서 그리스도께서 이처럼 새롭게 창조된 모든 사람이 참여하고 있는 생명이시다.

새 사람, 그리고 새 사람의 증거

에베소서 4장은 새 사람이 하나님을 따라 새로이 지으심을 받은 사람인 것을 설명한 후에, 성도들에게 "그런즉 거짓을 버리고 각각 그 이웃으로 더불어 참된 것을 말하라"(25절)고 권면한다. 이 구절과 이어지는 구절을 통해서, 우리는 새 사람의 특징적인 모습이 우리의 이웃을 대하는 우리의 태도 속에 나타나야 할 것을 배운다. 뿐만 아니라 바울은 새 사람의 이러한 특징들은 우리의 가족과 사업 세계에도 나타나야 할 것으로 교훈한다. 최종적으로, 우리는 하나님의 전신갑주, 즉 새 사람을 옷 입음으로써 영적 싸움에 임할 준비를 마치게 된다. 이제 우리는 이 악한 날에 하나님을 위하여 굳게 서야 한다. 이 모든 영적 영역에서 새 사람의 특징은 하나님의 증거를 밝히는데 기여하게 된다.

새로운 피조물의 목적

우리를 다시 살리시고 또 그리스도 안에서 함께 하늘에 앉게 하신 하나님의 목적은 "그리스도 예수 안에서 우리에게 자비하심으로써 그 은혜의 지극히 풍성함을 오는 여러 세대에 나타내려는"(엡 2:7) 것이었다. 이것은 영광 가운데서 나타나는 은혜의 모습이다. 이를 위해서 하나님은 성도들을 성령 안에서 성전과 성소로 세우고 계신다. 하나님의 아들과 연합을 이룬 사람들을 통해서 하나님의 거룩한 성품이 빛을 발할 것이기 때문이다. 교회는 이러한 영광의 그릇이다. 교회는 에베소서 2장 21절에서는 "주 안에서 성전"이라고 말하고, 요한계시록 21장에서는 "신부 곧 어린 양의 아내…하나님께로부터 하늘에서 내려오는 거룩한 성 예루살렘을 보이니 하나님의 영광이 있으매 그 성의 빛이 지극히 귀한 보석 같고 벽옥과 수정같이 맑더라"(9-11절)고 말한다. 현재 세상 시스템의 소동스러움과 세상의 위대함과 영광을 큰 소리로 자랑하는 중에, 하나님은 조용하게 자신이 거하실 처소를 지어 가고 계신다. 하나님의 거하실 처소로서의 교회는 그리스도의 사역의 열매이며, 하나님이 새로 창조하신 새로운 피조물의 면류관이다. 모든 사람이 사랑해온 세상 시스템은 영원 속으로 사라질 것이지만, 하나님의 지혜가 어우러지고 또 하나님의 능력이 깃들어진 결과물로서, 이 영광스러운 교회는 영원한 하나님의 사랑의 징표로 세워지게 될 뿐만 아니라 새로운 피조물의 영광을 입고서 영원히 서게 될 것이다.

새로운 피조물의 규례

갈라디아서 6장을 보면, 복음을 변호해온 사도 바울이 율법과 은혜에 대한 논증을 마쳤을 때, "그리스도 예수 안에서는 할례나 무할례가 아무것도 아니로되 오직 새로 지으심을 받은 자뿐이니라 무릇 이 규례를 행하는 자에게와 하나님의 이스라엘에게 평강과 긍휼이 있을지어다"(15,16절)라고 말했다. 유대교와 유대교의 할례 예식은 육신 안에 있는 사람을 위한 것이었기에, 그렇게 예식을 준수해온 이스라엘은 스스로를 자랑스럽게 여겼다. 하지만 새로운 피조물의 빛을 통해서 볼 때, 그 모든 것들은 더 이상 가치 없는 것들로 드러났다. 하나님의 복을 받을 수 있는 능력이 사람 속에 있다는 가정 하에 세워진 옛 질서에 속한 유대교는 십자가에서 끝나버렸다. 이제 모든 것이 하나님께 속한 새로운 질서가 하나님의 은혜로 새로운 피조물이 된 우리에게 열렸다. 율법의 규례를 따라 행하는 사람은, 자신들의 힘으로는 결코 얻을 수 없는 복을 얻고자 엄청 애쓰고 노력할지라도, 결코 평안을 얻을 수 없다. 반면 새로운 피조물의 규례를 따라 행하는 사람은 자신의 노력에 의존하지 않기에, 하나님의 자비를 거저 얻을 뿐만 아니라 전적으로 하나님만을 의존함으로써 누릴 수 있는 평안을 누린다. 이제 우리는 그리스도와 함께 십자가에 못 박혔고, 이제는 내가 산 것이 아니요 오직 내 안에 그리스도께서 사신 것으로, 나를 사랑하사 자기 몸을 버리신 하나님의 아들을 믿는 믿음으로 살면서, 위엣 것을 찾을 필요가 있다. 거기는 그리스도께서 하나님 우편에 앉아 계신다. 이렇게 새로운 피조물의 규례를 따라 행하는 모든 사람에게 복이 있을지어다. 아멘.

"할례나 무할례가 아무것도 아니로되
오직 새로 지으심을 받은 자뿐이니라" (갈 6:15)

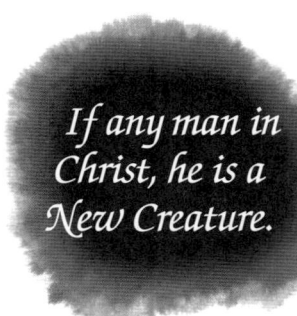

제 3장 칭의와 구분되는 새로운 피조물

by 윌리암 R. 드론스필드

시대를 따라 달리 역사하시는 하나님

하나님은 시대를 따라 달리 역사하시고 섭리하신다는 세대적인 진리를 부인하면, 하늘에 속한 자로서 우리를 경이롭게도 승격시켜주는 우리의 자리, 즉 "그리스도 안에" 있는 자가 되게 해주는 참으로 독보적이면서도 비교할 수 없는 복을 잃어버리게 된다.

로마서 3장부터 5장 11절에 이르기까지 우리는 칭의의 교리가 정교하게 수놓듯이 확립되어 있는 것을 볼 수 있다. 칭의는 의롭게 된 사람의 본보기로서 아브라함과 함께 시작되었다. 우리는 칭의가 정도의 문제가 아님을 기억해야 한다. 나는 하나님 앞에서 의롭다 함을 받았고, 실제로는 의롭지 않지만 의로운 사람으로 여김을 받는다. 결과적으로 칭의는, 하나님의 성도라면, 그가 어느 세대에 속했든지 관계없이 그 누구도 아브라함을 능가하는 일은 없다. 아브라함은 하나님 앞에서 의롭다는 인정을 받았으며, 칭의의 문제에 있어서 어느 누구도 더 의로운 사람은 없다. 칭의는 변경될 수 없다는 점에서 절대적이고, 최종적인 것이다. 칭의는 전적으로 법적인 문제이다. 나는 "하나님 앞에서 유죄상태"에 있었고, 하나님의 심판 아래 있었다(롬 3:19). 하지만 하나님의 은혜로 말미암아 나는 단순히 죄 용서를 받은 것으로 끝난 것이 아니라, (물론 나의 모든 죄들이 사함을 받았다는 것은 복된 일이다) "하나님 앞에서" 오직 범죄한 사람이요 정죄 받은 사람 이외엔 아무 것도 아니었던 내가 이제는 의롭다 함을 받기까지 한 것이다. 의로움이 나에게 전가된 것이다. 다른 말로 하자면, 하나님 앞에서, 그리고 하나님에 의해서 절대적으로 의로운 사람으로 여김을 받게 된 것이다. 이것이 바로 칭의(稱義, justification)이다.

칭의와 그리스도 안에 있는 사람이 되는 것은 별개이다

과연 성경은 "칭의"와 "그리스도 안에 있는 사람이 되는 것"을 동일한 것으로 말하고 있는가? 그렇다고 할 것 같으면, 아브라함은 의롭다 함을 받을 수 없었거나 아니면 오늘날의 성도들과 동일하게 그리스도 안에 있는 사람이 되어야만 할 것이다. 이러한 주장은 진리와 정면으로 대치된다. 이 부분에 대해서 나는 칭의는, 그리스도 안에 있는 구속으로 말미암아 주어지는, 전적으로 하나님의 은혜에 속한 것이란 사실을 더하고 싶다. 성경은 이 사실을 로마서 3장 24,25절에서 분명히 가르치고 있다.

그렇다면 우리는 신자를, 자신이 지은 모든 죄들에 대해서 죄사함을 받았을 뿐만 아니라, 이제 의롭다함을 받은 사람으로 정의를 내릴 수 있다. 따라서 신자는 이제부터 영원히 하나님 앞에서 의로운 사람으로 여김을 받는 사람이다. 법정에 서면 사람은 유죄 선고 아니면 무죄 선고를 받는다. 마찬가지로 "하나님 앞에서" 우리는 절대적으로 유죄상태 또는 "하나님의 심판 아래 있거나" 아니면 의롭다고 선언을 받거나 둘 중 하나이다. 성령님은 여기서 법정 용어인 "칭의"라는 단어를 사용하셨다. 그렇다고 해서 여기에 너무 집착해선 안된다. 만일 우리가 죄 사함과 칭의를 분명하게 구분하지 않는다면, 칭의 교리가 가진 힘과 가치를 상실할 수 있다. 분명한 것은 우리가 지은 죄들은 칭의가 아니라 죄 사함을 필요로 한다는 것이며, 바로 이 사실을 생각할 때, 마음에 두려움이 느껴진다. 우리는 분명 죄 사함을 받았다. 왜냐하면 우리가 지은 죄들은, 주 예수님께서 친히 나무에 달려 그 몸으로 우리 죄들을 담당해주심으로써, 하나님의 눈 앞에서 합법적으로 제거되었기 때문이다. 게다가 전에 우리는 하나님 앞에서 죄인의 신분으로 서있었다. 하지만 이제 우리는 하나님을 예수 우리 주님을 죽은 자 가운데서 살리신 분으로, 그리스도의 피로 인해서 우리를 의롭다고 여겨 주시는 분으로 믿고 있다. 다른 말로 하자면, 하나님은 하나님의 의(義, 또는 공의)를 우리에게 전가시켜주신 것이다. 이것이 바로 성경이 말하고 있는 칭의인 것이다. 그렇다면 여기에 "그리스도 안에" 있는 존재가 된 것을 더하는 것은 칭의 교리를 훼손하는 것이 되고 만다. 왜냐하면 칭의와 그리스도 안에 있는 사람이 되는 것이 같은 것이라면, 의(義)가 그리스도에게 전가되는 것이 되고, 이렇게 의가 그리스도에게 전가되었다는 사상은 전혀 가능하지 않기 때문이다.

그리스도 안에 있는 사람이 되는 것

그렇다면 그리스도 안에 있는 사람이 되는 것은 무엇을 의미하는가? 성경은 그에 대한 분명한 대답을 주고 있다. 바로 새로운 피조물이 되는 것이다. 이렇게 새로운 피조물이 되는 것은 고린도후서 5장 17절, 갈라디아서 6장 15절, 그리고 에베소서 2장 10절이 계시하고 있는 매우 중요한 교리이다. 이 구절들 각각은 새로운 피조물의 교리를 소개하고 있으며, 각 경우마다 "그리스도 안에" 또는 "그리스도 예수 안에"라는 구절과 함께 등장하고 있다. 여기서 주목해야 할 것은, 새로운 피조물이 되는 것은 새로운 머리를 붙드는 것이란 점이다. 이 새로운 머리는 "하나님의 창조의 근본(시작)"(계 3:14)이신 그리스도이시다. 따라서 로마서 5장 12절부터, 사도 바울은 새로운 주제를 시작한다. 곧 두 개의 머리에 대한 주제를 소개하고 있다. 로마서 5장 12절부터는 더 이상 우리가 지은 죄들(sins)의 문제를 다루지 않고, 다만 이러한 죄들의 뿌리로서 죄(sin)의 문제를 다룬다. 이 죄의 문제를 해결하고자 바울은 범죄한 사람인 아담과 그의 후손에 대해서 언급한 후, 그 다음으로는 예수 그리스도, 마지막 아담, 오시기로 작정된 분에 대해서 언급한다. 더욱이, 바울은 죄가 사망의 권세를 가지고 다스렸던 것같이 은혜가 의(義)의 원리 위에서 다스리기 위해서, 죄가 더한 곳에 은혜가 더욱 넘친 것을 말할 필요가 있었다. 이처럼 서로 대조적인 것들이 한곳에 어우러지면서, 질문이 던져진다. 과연 우리는 "은혜를 더하게 하려고 죄에 계속 거해야 하는 것인가?"(롬 6:1) 터무니없는 생각이다. 우리는 죄에 대해서 죽었다. 그런데 어찌 죄 가운데 살 수 있단 말인가? 우리 옛 사람이 그리스도와 함께 십자가에 못 박힘으로써, 총체적인 문제로서 죄(sin)는 무력화되었고, 우리는 죄에서 해방 받을 수 있게 되었다. 왜냐하면 죽은 사람은 죄에서 영원히 벗어나고 자유를 얻기 때문이다. 그리스도는 우리 모두를 위해서 단번에 죄에 대하여 죽으셨고, 하나님께 대하여 살아나셨다. 우리 또한 단번에 그리스도와 함께 죽었으며, 그리스도 안에서 하나님을 향하여 살아났다. 우리는 그리스도 안에 있는 영생을 가지고 있으며(롬 6:23), 모든 정죄에서 벗어났으며, 죄와 사망의 법에서 자유롭게 되었다. 왜냐하면 그리스도 예수 안에 있는 생명의 성령의 법이 우리에게 자유를 주었기 때문이다(롬 8:1,2). 따라서 이 영적 해방의 역사는 성령님과 연결되어 있다. "주의 영이 계신 곳에는 자유함이 있느니라."(고후 3:17) 성령을 받은 사람 외에는 아무도 이런 기쁨을 맛볼 수 없다. 왜냐하면 그리스도의 사역이 이 일의 토대이며 또한 다른 모든 복의 기초이긴해도, 이 일은 오직 우리 속에 내주하시는 성령에 의한 것이기 때문이다. 이로써 우리는 그리스도 안에 있고 또 그리스도는 우리 안에 있다고 말할 수 있게 되었다.

지금까지 우리는 로마서에 나타난 두 개의 머리에 대한 주제를 살펴보았다. 고린도후서, 갈라디아서, 그리고 에베소서를 보면, 이 진리가 새로운 피조물과 연결되어 있는 것을 볼 수 있다. 이상의 성경은 새로운 피조물이 가진 특징에 대해서 좀 더 광범위하게 다루고 있다. 어느 측면에서 보면, 새로운 피조물과 칭의는 상당한 유사성이 있다. 즉 둘 다 자격이 없는 자에게 주어지고, 절대적이면서 영원하다. 따라서 그리스도 안에서 새로운 피조물이 된 사람은 절대적이며, 영원하다. 이처럼 새로운 피조물이 되는 복은 새로운 질서를 가진 사람이 되게 해주며, "하나님에 대하여 산 자"(롬 6:11)라는 놀라운 단어를 통해서 표현되고 있다. 따라서 칭의가, 우리가 살펴본 대로, 법적인 용어(judicial term)라면, "그리스도 안에"라는 말은 더욱 포괄적인 의미를 담고 있는 용어(a generic term)인 것이다. 첫째 사람의 가계, 인종, 씨(seed)에 속하는 대신, 나는 이제 둘째 사람의 가계, 인종, 씨에 포괄적으로 속한 사람이 되는 것이다. 나는 그리스도 안에 있는 사람으로서 새로운 피조물이며, 죄에 대하여 죽었고, 그리스도 예수 안에서 하나님을 대하여는 산 자가 되었다.

따라서 사도 바울은 "이전 것은 지나갔으니...모든 것이 새롭게 되었도다."(고후 5:17) 이제는 "모든 것이 하나님께 속해 있다"(고후 5:18)고 선언한다. 그리고 갈라디아서에서는 할례나 무할례나 아무것도 아니라고 말한다. 왜냐하면 하나님 앞에서 효력이 있는 것은 새로운 피조물 밖에 없기 때문이다. 그리고 에베소서에 보면, 우리는 하나님이 새로이 만드신 작품이다. 사탄의 계략과 사람의 죄로 인해서 하나님의 형상과 모양이 더 이상 망가지는 일이 없고 다시는 더럽힘을 당할 수 없는 하나님의 새로운 창조에 속한 작품이며, 그리스도 예수 안에서 선한 일을 위하여 새롭게 창조된 존재인 것이다. 이 일은 하나님이 전에 예비하사 우리로 그 가운데서 행하게 하려는 것이었다. 이 모든 것들은 하나님이 주시는 신령한 복에 속한 것들이다.

이 주제와 연관된 두 가지 사항을 살펴보자. 고린도전서 15장에서 우리는 "그리스도 안에서 모든 사람이 삶을 얻으리라"(22절)는 구절과, 데살로니가전서 4장에서 "그리스도 안에서 죽은 자들이 먼저 일어나고"(26절)라는 구절을 볼 수 있다. 종종 사람들은 이 구절을 대하면서 구약성도들은 각각의 경우에서 제외되는 것은 아닌가라는 질문을 하곤 한다. 우리는 그렇게 대답할 순 없다. 사실 세대적인 구분에 의해서 "그리스도 안에 있다"는 것이 다른 의미를 가진 것이긴 해도, 구약성도들을 각 경우에 포함시키는 일은 얼마든지 가능하다. 구약성도들은, 사실상, 하나님의 자녀이며, 영생을 가지고 있고, 또한 하늘의 복에 참여한 사람들이다. 하지만 세대적인 섭리에 의해서 그들에겐 이러한 것들이 전혀 계시되지 않았을 뿐이다. 구약시대에 하나님은 에베소서 1장 17절처럼 우리 주 예수 그리스도의 하나님, 영광의 아버지로 계시되지 않았고, 그리스도 안에서 영생을 가지는 것이나, 하늘의 부르심에 의해서 그리스도와 연합되는 것도 계시되지 않았다. 그럴지라도 이 두 개의 구절에 언급된 이러한 복들이 그들의 것이 아니라고 누가 말할 수 있단 말인가? 믿음도 마찬가지이다. 갈라디아서 3장 23절은 "믿음이 오기 전에"라고 말하고 있다. 이것은 믿음이 세대적인 진리를 따라서 하나의 시스템을 이루고 있음을 의미한다. 그럼에도 히브리서 11장에는 고결한 믿음의 증거를 가진 사람들이 소개되어 있다. 이 사람들은 믿음이 있는 아브라함과 함께 복을 받은 사람들이다! 그렇다면 우리는 세대적으로 신약시대에 "그리스도 안에" 있다는 것이 새로운 피조물이 된 사람들에게 주어진 충만하고도 비교할 수 없는 복을 가리키며, 새로운 피조물이 되는 복을 받는 것은 하나님 앞에서 의롭다 함을 받는 것과는 별개의 사안이라고 말할 수 있다. 그렇다면 새로운 피조물이 되는 것보다 더 높고, 더 온전하고, 또 실제적으로 더 복된 것은 없다고 말할 수 있다. 말씀 가운데 사용된 용어들의 상관관계를 정리하면 다음과 같다.

> 유죄상태에 있었음...이제 의롭다 함을 받았음. 하나님의 심판 아래 있었음... 지금은 하나님 앞에서 의롭다고 인정받았음 = 칭의

> 아담 안에 있었음...이제 그리스도 안에 있음. 육신 안에 있었음...지금은 성령 안에 있음 = 새로운 피조물*

에베소서에 보면, 우리는 "그리스도 안에서 하늘에 속한 모든 신령한 복"을 받았으며, 따라서 그리스도 안에서 하늘에 앉아 있다. 이 모든 것은 의심할 여지없이 은혜에 속한 것이며, 성령에 의해서 우리에게 이루어진 선한 역사로서, 다단 우리는 이 모든 것들을 믿음으로 붙잡고 누리면 된다. 그럴 때 우리는 영적인 싸움으로 부르심을 받은 자로서 주 안에서 강하여 지고, 주의 힘의 강력으로 강건해짐으로써 악한 영들의 공격을 능히 막아낼 수 있게 된다. 골로새서에 보면 우리는 "그리스도 안에서 완성되었

---

* 이 글의 말미에 있는 Note를 읽으라. E.D.

다"(골 2:10, KJV)는 구절을 읽을 수 있다. 하지만 더 정확한 번역은 우리는 "충만해졌다."는 것이다. 그리스도 안에는 모든 충만이 육체로 거하고 있기에, 우리는 그리스도 안에서 충만해진 것이다.

이제 정리해보자.

1. 우리가 지은 죄들을 십자가에서 대신 지신 주 예수님은 그 모든 죄들을 영원히 제거하셨고, 우리가 이에 대한 믿음을 행사하자마자 우리는 죄 사함을 받았다고 당당히 말할 수 있게 된다. 다른 말로 하자면, 그리스도 피의 공로로 우리는 우리가 지은 모든 죄들에 대한 사면을 받은 것이다. 죄 문제는 더 이상 하나님과 우리 사이를 가로막고 있지 않다. 이제 우리는 깨끗하게 되었고 정결하게 되었다. 이것은 특별히 주님의 죽으심과 피 흘리심과 연결되어 있다.

2. 나는 이제 하나님 앞에 나아왔으며, 하나님 앞에서 의롭게 되었다. 전에 나는 "하나님 앞에서 유죄상태"에 있었고, 하나님의 심판 아래 있었지만, 지금 나는 모든 죄에서 자유롭게 되었고, 주께서 빛 가운데 계신 것같이 나도 빛 가운데 행하도록 하나님 앞에서 의롭다함을 받았다. 하나님은 나에게 하나님의 의(義)를 전가시켜주셨다. 왜냐하면 내가 예수 우리 주를 죽은 자 가운데

살리신 하나님을 믿기 때문이다. 다른 말로 하자면, 하나님 앞에서 칭의의 은혜를 받음으로써 의롭다고 계산되고 있다. 이것은 순전히 법적인 측면이며, 게다가 칭의는 특별히 주님의 부활과 연결되어 있다.

3. 나는 그리스도와 함께 죽었고, 그리스도 안에서 하나님을 향하여 살아있다. 나는 그리스도 안에 있으며, 그리스도는 내 안에 계신다. 이것은 내 속에 내주하시는 성령에 의해서 일어나는 일이다. 죽은 자로서, 나는 하나의 원리로서 죄에서 자유롭게 되었고, 죄의 통치로부터 벗어나게 되었다. 나는 새로운 머리(new headship) 아래 있다. 죄와 사망의 법은 영원토록 나에게 아무 효력이 없는 것이 되었고, 그리스도 예수 안에 있는 생명의 성령의 법이 그 자리를 차지했기에 나는 영적 자유를 누릴 수 있게 되었다. 이것은 매우 포괄적이다. 그리스도께서 친히 머리가 되시고 또 새로운 창조의 시작이 되시며, 나는 새로운 창조세계에 속한 새로운 피조물이 되었다. 나는 전에 유죄상태, 곧 하나님의 심판 아래 있었고 또 아담 안에 있었지만, 이제는 (십자가에 연합함으로써) 그 육신 상태에서 벗어났으며 새로운 피조물과 새로운 머리 아래 있는 상태, 즉 그리스도 안에 있는 상태에 들어왔다. 이 일은 우리 속에 거하시며 또한 우리에게 역사하시는 성령의 기름부음과 성령의 에너지에 의해서 우리에게 실제화되었는데, 이 모든 일은 그리스도께서 영화롭게 되신 일의 열매인 것이

다. 왜냐하면 이 일은 그리스도께서 하나님의 우편에 앉으시고 또 우리에게 주와 그리스도가 되신 결과로, 성령님을 보내주셨기 때문이다. 이는 우리에겐 새로운 생명의 질서와 복을 가져다 주는 것으로서, 새로운 피조물이 누리는 복인 것이다.

4. 우리는 그리스도 안에서 하늘에 속한 사람이 되는 자격을 얻었다. 하늘에서 모든 신령한 복으로 복을 받았으며, 그리스도 안에서 하늘에 앉아 있다. 하지만 하늘에 속한 신령한 복을 소유하고 누리려면, 우리는 악한 영들과의 싸움을 싸워야 한다. 악한 영들은 끊임없이 방해하고 막는 일을 한다. 이것은 경험적인 측면으로서, 하나님의 전신갑주와 성령의 검과 개인적인 믿음과 기도를 필요로 한다. 이러한 것들이 우리가 복을 받은 자리인 것이다.

5. 우리는 그리스도 안에서 충만함을 받았다. 이것은 하나님 앞에서 법적으로 이루어진 일에 대한 것도 아니고, 우리가 그리스도 안에 있는 자가 되었다는 신분에 속한 것도 아니며, 우리가 복을 받는 자리에 들어온 것에 대한 것도 아니다. 다만 우리의 신분과 우리의 자리(위치)와는 별도로, 우리에게 복을 주신 그리스도 안에서 우리가 소유하게 된 것을 가리키는 말이다. 우리는 영화롭게 된 사람이시며, 모든 충만이 그 속에 거하고 있는 그리스도 안에서 충만함을 소유한 자가 되었다. 이제 우리는 그리스

도 안에서 우리의 모든 자원과 신성의 충만을 길어올릴 수 있게 된 것이다.

W. R. Dronsfield

Note. 이상의 글을 읽은 독자는 로마서가 가지고 있는 특별한 성격을 늘 마음에 둘 필요가 있다. 이 점에 있어서, 다른 사람의 말을 인용하고자 한다.

"우리는 신자의 복을 다루고 있는 이 로마서에서 두 가지 서로 다른 주제를 대하게 되는데, 곧 로마서 5장 1-11절, 그리고 로마서 5장 12절-8장은 전혀 별개의 내용을 다루고 있다. 전자는 하나님이 은혜 안에서 우리를 위하여 일하신 결과, 그에 따르는 복을 주시는 것을 설명하고 있다면, 후자는 하나님 앞에서 그리스도 안에 있는 신자의 자리와 그 자리에서 하나님이 신자를 위하여 역사하고 계시는 것을 설명하고 있다. … 따라서 로마서의 첫 번째 부분과 두 번째 부분을 연속적인 과정으로 이해하는 것은 큰 실수이다. 우리의 행실에 의해서 유죄상태에 있는 것과 아담의 자손으로서 육신 상태에 있는 것은 전혀 별개의 사안이다. 하나는 우리가 유죄상태에 있고, (의롭다 함을 받지 않는다면) 심판에 처해질 것을 다루고 있다면, 다른 하나는 우리가 첫째 아담 안에서 잃어버린바 된 자라는 주제를 다루고 있다. 그리스도의 사역의 효력은 우리가 지은 모든 죄들을 단번에 영원히 제거해주었고, 그 결과 우리가 지은 모든 죄들은 더 이상 기억되지 않는다. 그리스도께서 친히 우리의 죄들을 제거하셨기 때문에, 그리스도는 하늘에 있는 지극히 높으신 이의 우편에 앉으신 것이다. 이제 우리는 이렇게 죄 사함을 받은 것 외에도, 그리스도 안에서 함께 부활했기에, 그리스도 구속사역의 효력으로 인해서 새로운 신분과 자리를 얻게 된 것이다."

뿐만 아니라 로마서 5장 12-21절에 대해선 이렇게 말했다.
"이제 우리는 또 다른 주제에 이르렀다. 사람의 머리가 누구냐에 따라서 동일한 사람이 죄에 묶이거나 아니면 하나님의 법을 순종할 힘을 얻게 된다. 첫째 아담과 연결된 사람들은 그의 범죄로 인해서 죄인이 되고, 둘째 아담과 연결된 사람들은 그의 순종에 의해서 의인이 된다."

그 저자는 로마서 6장에 대해선 이렇게 말했다.
"우리가 그리스도와 함께 부활했다는 것은 여기서 전혀 언급하고 있지 않다. 다만 그리스도와 함께 죽었다는 진리만 언급할 뿐이다. 그리스도의 죽음에 연합하는 것은 그리스도와의 연합의 진리의 일부로서 그 속에 포함되어 있다."

다른 곳에서 그는 그리스도의 높이 되심을 언급하면서 이렇게 말했다.

"우리는 그리스도의 새롭고도 영광스러운 상태에서 머리되신 그리스도와 연합을 이루고 있다(엡 1,2장). 이것이 바로 새로운 피조물이 된 상태이다."

이러한 특징들은 우리가 말씀을 바르게 분변해야 할 필요성과 중요성을 보여주기에 충분하다. 이제 독자들은 이러한 내용들과 새로운 피조물에 대한 가르침을 비교해보면서, 로마서에서 "그리스도 안에 있다"는 것이 그리스도와의 연합을 의미하지 않는다는 것을 볼 필요가 있다. 뿐만 아니라, 새로운 피조물과도 아무 연결점이 없다는 것을 확실히 보아야 한다. 새로운 피조물이란 신자가 "그리스도의 구속사역의 효력으로 인해서" 들어가게 된 새로운 자리 혹은 신분을 표현한다. 그리스도 안에 있는 사람이 되었다는 것은 두 가지 사안과 연결되어 있다. 하나는 성령의 인침이고, 다른 하나는 우리 안에 계신 그리스도이다. 이 두 가지를 통해서 우리는 새로운 상태에 들어가게 된다. 그래서 육신 안에 있는 사람과 성령 안에 있는 사람이 대조를 이루고 있다(롬 8:9). 게다가 로마서에서 "그리스도 안에" 있다는 것은 그리스도와 연합을 이룬 상태를 의미하지 않으며, 로마서 5장의 그리스도의 머리되심 아래 있다는 것도 새로운 피조물의 상태에 들어간 것을 의미하지 않는다.

"로마서 5장의 머리에 대한 교훈은 머리의 행동에 의존되어 있는 상태에 대한 것이다. 이것이 여기서 가장 중요한 포인트이다. 주님과 아담, 각각에 연결된 사람들은 그 머리의 행동과 행실에 의해서 어떤 상태를 이룬다."

마지막으로 덧붙이고 싶은 말은, 하나님의 진리를 이해하는데 가장 필수적인 사안은, 여러 서신서들이 나름대로 가지고 있는 독특한 가르침을 항상 염두에 두고 공부해야 한다는 점이다.

영성이 약해지는 만큼, 지성적인 사고는 약해지고, 단순히 자연적인 감정들이 발동되는 것은 필연적인 과정이다. 하지만 영혼에 새로운 영성이 자리 잡게 되면, 하나님의 말씀은 정신적 능력을 총동원해서 지적인 사유를 하는 것보다, 단지 한 두 구절이 마음에 와닿는 것만으로도 더욱 폭팔적인 능력으로 다가와 우리의 삶을 변화시켜줄 것이다.

"오직 심령으로 새롭게 되어
하나님을 따라 의와 진리의 거룩함으로 지으심을 받은
새 사람을 입으라" (엡 4:23,24)

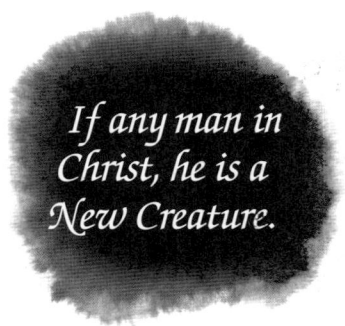

제 4장 새로운 피조물의 복과 범위

by 윌리암 켈리

고후 5:14-19, 갈 6:12-16, 엡 1:19-2:10을 읽으시오.

 이스라엘 백성들이 요단강을 건넜을 때, 그들은 광야 생활을 끝냈고 광야 생활과는 영원한 작별을 고했다. 하지만 우리는 구약의 하나님의 백성들이 요단강을 건넜던 경우와 오늘날 신자들의 경우가 같지 않다는 것을 볼 수 있어야 한다. 우리는 그들의 경우와는 다르다. 우리의 경우엔, 광야에 있으면서 동시에 가나안에 있다. 우리는 애굽(세상)과는 전적으로, 그리고 영원히 관계를 끝냈다. 그럼에도 오늘날 우리에게 광야란, 애굽이 하나님의 자녀들이 살아가야 하는 터전이 되었을 때의 모습인 것이다. 다시 말해서, 과거에 쾌락을 즐기고 또 우리의 모든 자원을 끌어왔던 세상은 (구원받은 이후에도) 여전히 우리가 살아가야 하는 터전이기에, 도덕적인 의미에서 세상이 광야가 되는 것이다. 따라서 우리는 세상에서는 아무 힘도 얻을 수 없고, 마음을 새롭게 하는 일이나 혹은 에너지를 충전 받을 수 없게 된 것이다.

요단강의 의미

이스라엘이 요단강을 건너 약속의 땅에 들어간 사실을 생각해 볼 때, 우리는 놀라운 사실을 한 가지 발견하게 되는데, 곧 애굽에서 나온 60만 명의 장정으로 이루어진 거대한 군대 가운데 단지 두 사람만 요단강을 건너, 약속의 땅에 들어갔다는 것이다. 그 두 사람은 믿음의 사람인 갈렙과 그리스도의 영을 받은 사람인 여호수아이다. 나는 의심의 여지없이, 여기엔 우리가 배워야 할 교훈이 있다고 믿는다. 즉 우리는 믿음의 원리와 성령의 능력에 의해서만 하늘에 있는 기업을 얻을 수 있다는 것이다.

그렇다면 요단강은 우리에게 그리스도의 죽음을 의미하는데, 이는 우리 죄들을 위하여 죽으신 그리스도의 죽음이 아니라, 우리가 그리스도와 함께 죽은 우리의 죽음을 의미한다. 이처럼 십자가의 죽음에 연합됨으로써 우리는 본질적으로 사라지게 된다. 그렇다고 해서, 어떤 사람들이 상상하는 것처럼, 우리가 본성에 대해서 죽었다(we are dead to nature) 혹은 (육적) 본성이 죽었다는 것을 의미하지 않는다. 엄격하게 말해서, 본성에 대하여 죽는 것을 주장하는 사람은 그리스도인이 아니다. 이처럼 어리석은 생각은 절대적으로 성경적이지 않을 뿐만 아니라 성경과는 대치된다. 오히려 성경에서 말하는 정말 중요한 진리는 우리가 본성 안에서 죽어 있었다(we are dead *in* nature)는 것이다. 이 점이 바로 에베소서가 우리에게 가르치고 있는 핵심적인 진리이다.

로마서의 두 가지 주제

로마서에서 사람은 죄에 대해 살아서 활동하고 있는 죄인으로 그려지고 있다. 따라서 죄들의 특징과 범위, 그리고 다양성이 적나라하게 설명되고 있다. 살아서 활동하는 죄인은 다음 두 가지를 필요로 한다. 첫 번째 자신이 지은 죄들로 인해서 자신이 처한 유죄상태에서 벗어나는 것, 그리고 두 번째 죄악된 인간으로서 자아로부터 해방 받는 것이다. 로마서는 이 두 가지 주제를 다룬다. 첫 번째는 그리스도께서 우리를 대신해서 죽으심으로 해결되었다. "예수는 우리 범죄들로 인해서 내어 줌이 되었고 또한 우리를 의롭다 하시기 위하여 살아나셨느니라 그러므로 우리가 믿음으로 의롭다 하심을 얻은 자 되었으니, 우리는 하나님과의 화평을 누리게 되었느니라."(롬 4:25,5:1) 두 번째는 우리가 그리스도와 함께 죽음으로써 해결되었다. "그의 죽으심은 죄에 대하여 단번에 죽으심이요 … 이와 같이 너희도 너희 자신을 죄에 대하여는 죽은 자…로 여길지어다."(롬 6:10,11) 살아있는 죄인이 받을 수 있는 가장 위대하고 가장 필요한 복은 자아의 죽음이다. 왜냐하면 다른 방법으로는 책임 있는 사람으로서, 또 잃어버린바 된 사람으로서 (도무지 감당할 능력이 없기 때문에) 책임의 자리를 벗어날 수 없기 때문이다.

에베소서의 주제

하지만 에베소서에 이르게 되면, 우리는 칭의(稱義)나 유죄상태에서 벗어나는 것이나, 또는 아담의 자손으로서 책임의 자리에서 해방을 받는 것에 대한 교훈을 볼 수 없다. 본성상 사람의 상태에 대해서 본질적으로 다른 측면에 대한 교훈이 전개된다. 사람의 상태는 가장 어둡고, 가장 절망적인 상태에 있다고 말할 수 있다. 영적 상태에 대한 진리는 단지 사람이 엄청난 죄들을 저질렀다거나, 아니면 그 죄들의 특징 또는 지은 죄들의 양(量)에 대한 것이 아니라, 사람은 회복이나 치유가 전혀 불가능한 상태에 있다는 것이다. 이것은 단지 매우 나쁜 정도가 아니다. 의사는 상태가 매우 좋지 않은 환자를 만날 수 있고, 환자는 불치의 질병 또는 숨지기 일보직전의 상태까지 갈 수 있다. 하지만 속담에도 있듯이 "숨이 붙어있는 한, 희망은 있는 법이다." 따라서 의사는 환자에게 목숨이 붙어 있는 한, 자신의 노력을 다할 것이며, 결코 포기하지 않을 것이다. 하지만, 실제로 숨이 끊어진다면 의사는 더 이상 무슨 일을 할 수 있을까? 바로 이것이 에베소서에서 설정하고 있는 사람의 상태이다. 에베소서는 사람을 죄와 허물 때문에 하나님의 심판 아래 있는, 즉 유죄상태에 있는 것이 아니라, 죄와 허물 때문에 이미 숨이 끊어진 상태, 즉 죽어 있는 것으로 설명하고 있다.

이제 질문을 해보자. 독자여, 당신은 이 상태가 무엇을 의미하는 것인지 진정 자신의 영혼에 적용해본 적이 있는가? 당신은 이처럼 엄청난 영적 실체에 대해서 생각해보고, 당신 자신에게 적용해본 일이 있는가? 뿐만 아니라 모든 인류의 도덕적 상태, 그리고 영적인 상태가 이처럼 절대적으로 죽은 상태라는 것을 절감해본 일이 있는가? 당신은 죽은 사람에게 무슨 치료하는 약을 써볼 생각을 하지 않을 것이다. 마찬가지로 에베소서는 사람의 상태를 이처럼 죽은 상태로 제시하고 있기 때문에, 우리는 에베소서에서 칭의에 대한 교리를 찾아볼 수 없는 것이다. 그렇다면 무엇을 볼 수 있는가? 무슨 복에 대한 교훈을 볼 수 있는가? 그렇다. 가장 높은 질서에 속한 복을 볼 수 있다. 자연적인 상태가 가장 수준이 낮고 가장 저급한 상태이고, 공중의 권세 잡은 세상 임금인 사탄이 그 영역에 있는 사람들을 다스리고 있기 때문에, 그 상태에 있는 사람들은 그저 육체의 욕심을 따라 지내며 육체와 마음의 원하는 일을 할 뿐이다(엡 2:2,3). 반면 신령한 복은 가장 높은 수준과 상태를 가리킨다. 왜냐하면 신령한 복을 받은 신자는 그리스도 예수 안에서 하늘에 앉는 일에 있어서 아무 부족한 것이 없기 때문이다.

우리 영혼은 이 사실을 굳게 붙잡아야 한다. 어찌 보면 이 복은 우리가 하나님에게서 바라는 복이 아닐 수 있다. 우리는 다만 유죄상태에서 벗어나고, 그래서 심판받지 않는 것만을 바라고 소망할 뿐이다. 그것이 필요한 것이긴 해도, 각자의 자리가 있는 법이다. 이러한 주제는, 우리가 살펴본 대로 로마서에 잘 설명되어 있지만, 에베소서에서는 찾아볼 수 없다. 그렇다고 해서 이 사실이 로마서의 가치를 축소시키지 않는다. 다만 둘 사이의 차이점이 있을 뿐이다. 따라서 우리가 기억해야 할 것은, 성경은 가장 완벽한 질서를 따라서 기록되었으며, 모든 성경은 자신이 있어야 할 바로 그 자리에 있다는 것이다.

에베소서를 보면, 우리는 온 세상은 하나님 눈에 아무 것도 아니며, 다만 도덕적으로 죽은 사람들이 묻혀 있는 공동묘지에 불과하다는 것을 알 수 있다. 하나님을 향해서 사람의 심장은 조금도 뛰지 않고 있는 상태에 있다. 만일 이것이 우리의 영적인 상태일진대, 어떻게 그 상태에서 빠져나올 수 있단 말인가? 그에 대한 대답은, 그 무엇으로도, 그 무슨 애씀이나 노력으로도, 우리 자신의 힘으로는 결단코 빠져나올 수 없다는 것이다. 만일 하나님이 역사하신다면, 하나님은 홀로 절대적이고도 독립적으로 역사하셔야만 한다. 왜냐하면 사용할 무슨 재료가 전혀 없기 때문이다. 따라서 앞에서 제시한 성경구절들을 통해서 우리가 발견하는 것은, 새로운 피조물은 절대적으로 또 홀로 하나님에 의해서 이루어진 역사이며, 이전 창조와는 전혀 별개의 역사일 뿐만 아니라 매우 실제적인 역사라는 것이다. 하나님은 아무것도 존재하지 않았을 때 말씀으로 모든 것을 창조하셨던 것처럼, 새로운 창조에서도 도덕적으로 하나님의 눈이 머물만한 살아있는 것을 전혀 발견할 수 없었을 때 하나님은 그 능력의 지극히 크심을 따라서 그 힘의 강력으로 역사하심으로써, 도덕적으로 새로운 창조의 역사를 일으키셨고, 이전 창조와는 별개의 전혀 새로운 피조물을 창조하신 것이다. 그리스도인은 바로 이 새로운 창조에 속해 있다.

영적 해방은 새로운 피조물로 가는 관문이다

내가 바라는 것은, 독자들이 단순히 죄 사함만을 아는데서 더 나아가 우리가 처해 있었던 도덕적 상태에서 벗어나는 해방을 받고, 실제적으로 정결하고 거룩한 삶을 살 수 있는 능력을 체험함으로써, 인간적인 요소가 전혀 섞여있지 않고, 다만 모든 것이 절대적으로 하나님께 속해 있는 영역과 자리에 속하는 것이 무엇을 의미하는지 인식하는 것이다. 본성에서 나오는 것은 단순히 육신적인 것도 아니고, 단순히 우리 속에 있는 악도 아니고, 오로지 우리 자아에게서 나오는 것이다. 하나님의 눈으로 볼 때, 그 모든 것은 완전히 제거되어야 하는 것이다. 따라서 하나님은 자신의 영광을 위하여, 자신의 능력으로, 전혀 새롭고도 독창적인 역사를 시작하셨는데, (이전 창조에 속한) 그 무엇을 가지고 하신 것이 아니라 오로지 하나님에게 속한 것으로 하셨다.

고린도후서 5장에 보면, 사도 바울은 자신이 그리스도의 사랑으로 강권함을 받았다고 말하고 있다. 왜냐하면 바울의 영적인 판단에 의하면, 그리스도께서 모든 사람을 위하여 죽으신 사실은 모든 사람이 죽어 있었기 때문이라는 사실을 입증하고 있기 때문이다. 만일 살아있는 사람이 한 사람이라도 있었다고 할 것 같으면, 그리스도는 그 사람 때문에 죽으실 필요가 없으셨을 것이고, 그렇다면 그리스도는 모든 사람을 위하여 죽은 것이 아닌 것이 된다. 하지만 그리스도는 모든 사람을 위하여 죽으셨고, 거기엔 목적이 있었다. 이제 도덕적으로 죽은 세상에서 살아가는 사람은 누구나 자신이 살아야 하는 이유와 새로운 목적이 필요한 법이다. 첫 번째 창조에 속한 사람은 자신을 목적으로 삼고 살아간다. 새로운 피조물이 된 사람은 새로운 목적에 의해서 지배를 받으며 살아가는데, 바로 자신을 위하여 죽으셨다가 살아나신 분을 자신의 목적으로 삼고 살아간다. 그렇다면 스스로에게 질문을 해보라. 당신은 옛 창조에 속해 있는가, 아니면 새로운 창조에 속해 있는가? 지금까지 당신은 당신 자신을 목적으로 삼고 살아왔는가, 아니면 당신을 위하여 죽으셨다가 살아나신 그리스도를 목적으로 삼고 살아왔는가?

그리스도의 죽음이 지향하는 두 가지 결론

그리스도의 죽음이 가지고 있는 이처럼 놀라운 측면을 볼 때, 두 가지 결론이 나온다. 첫 번째 결론은, 우리는 더 이상 사람을 육체를 따라 알아서는 안된다는 것이다. 심지어 우리가 그리스도를 유대인으로 또는 지상에 오시는 살아 있는 메시아로 알았을지라도, 우리는 더 이상 그리스도를 그렇게 육체대로 알지 않아야 한다. 왜냐하면 그렇게 유대인의 메시아로 오셨던 그리스도께서 죽으셨기 때문이다. 그리스도는 메시아로 오셨지만, 유대 민족은 그리스도를 육체를 따라서 알았다. 그들은 장차 그리스도를 영접할 것이지만, 어쨌든 그들은 그리스도를 영접하지 않았고 십자가에 못 박아 버렸다. 우리는 지금 그리스도를, 부활하셨고 또 하나님의 우편에서 영광을 받으신 분으로 알고 있다. 이전 상태와 도덕적 상태에 속한 모든 것은 하나님의 눈 앞에서 다 지나갔으며, 믿음의 눈으로 볼 때 우리 앞에서도 다 지나갔다. 그렇다면 믿음은 하나님의 생각을 우리 영혼 속으로 그대로 받아들이는 것이며, 그 하나님의 생각에 의해서 지배를 받는 것이다. 반복해서 말하지만, 우리가 지금 다루고 있는 것은 죄 사함의 문제가 아니다. 물론 우리는 우리가 지은 죄들로부터 자유롭게 될 필요가 있으며, 하나님께 감사하게도, 우리는 죄 사함을 받았다. 그렇다면 하나님은 그리스도의 죽음을 통해서 이루신 일에 대해서 더 이상 우리에게 하실 말씀이 없단 말인가? 이제 유죄상태와 죄에 대한 책임의 자리에서 벗어난 우리는 다만 만족하며 영혼의 안식을 누리고 살면 되는 것인가? 그런데 어째서 우리를 위하여 죽으셨다가 다시 살아나신 분을 위하여 사는 삶이 나타나지 않는 것인가? 분명 죄 사함 외에도 하나님은 우리를 위해서 이루신 다른 은혜를 가지고 계신다. 하나님은 우리에게 그에 대한 자신의 생각을 알려주고 싶어 하신다. 단순히 이러저러한 많은 정보들이 아니라, 우리의 마음과 지성을 하나님의 뜻으로 가득 채우고, 우리의 마음을 지배할 뿐만 아니라, 우리의 삶을 성화의 삶으로 이끌어줄 수 있는 것을 주고 싶어 하신다.

하나님은 그리스도의 죽음 속에 우리를 포함시키셨다. 만일 우리가 그의 죽으심을 본받아 연합한 자가 된다면 또한 그의 부활을 본받아 연합한 자가 되게 하실 것이다(롬 6:5). 그리스도의 죽음에 연합한 자가 되는 것이 그리스도 안에 있는 사람이 되는 길이다. 그리스도의 죽음에 연합하고, 그 십자가의 죽음에 연합될 때, 나에게 속한 모든 옛 창조의 세계는 그 죽음 속에 함몰된다. 나는 죽고 그리스도께서 사실 때, 나는 비로소 그리스도 안에 있는 사람이 되는 것이다.

"우리 옛 사람이 예수와 함께 십자가에 못 박힌 것은(our old man is crucified with him)"(롬 6:6) 또는 "내가 그리스도와 함께 십자가에 못 박혔나니(I am crucified with Christ)"(갈 2:20)라는

구절을 믿음에 의한 경험적인 차원이 아니라, 고리에 의한 신분적인 차원으로만 이해하고 있다면 우리는 결코 그리스도 안에 있는 사람은 새로운 피조물이라는 구절이 가지고 있는, 그 영적 실체를 알 수 없을 것이다. 성경은 이 구절을 과거형이 아니라 현재형을 사용하고 있는 점에 주목하라. 이것은 교리적 진술이 아닌, 믿음에 의한 경험적인 진술인 것이다.

두 번째 결론은, "만일 누구든지 그리스도 안에 있으면 새로운 피조물이다"라는 것이다. 이 구절은 한 개인이 새로운 피조물이 되었다는 뜻이 아니다. 사실 새로운 피조물은 개인 영혼 속에서 이루어지는 문제가 아니다. 따라서 에베소서로 돌아가 보면, 우리는 허물로 죽은 우리 영혼이 살리심을 받는 것은 개인 영혼이 생명을 얻는 의미가 아닌 것을 볼 수 있다. 이는 이방인과 유대인 모두에게 일어난 일이다. 따라서 유대인이나 이방인이나, 둘 다 동일한 선상에 있다. 하나님이 주실 수 있는 모든 특권을 받은 사람들도 한결 같이 다른 이들과 동일하게 진노의 자녀였던 사람들이다. 모두가 다 죄들로 인해서 영적으로 죽어 있었다. 무슨 일이 일어났는가? 하나님이 그들을 살리셨다. 과연 이 일이 그들의 영혼 속에서 일어난 일인가? 결코 그렇지 않다. 전혀 다른 방식으로 일어난 일로서, "그리스도와 함께" 살리신 것이다. 그 다음 단계는, 하나님이 우리를 일으키신 것인데, 우리를 한꺼번에 일으키신 것이다. 그리고 "그리스도 예수 안에서 함께 [즉 한꺼번에] 하늘에 앉히셨다." 우리가 지금 살펴보고 있는 이 모든 것은 어떤 개인들에게 특별한 시간에 일어나는 역사가 아니라, 다만 하나님의 힘의 강력을 따라서 일어난 하나님의 역사인 것이다. 어디서 그리고 언제 일어난 것인가? "그리스도 안에서, 하나님이 그리스도를 죽은 자 가운데서 살리실 때" 일어난 역사이다. 그 능력이 이제 우리를 "향하여" 작동하고 있지만, 이 역사는 그리스도 안에서 이미 일어난 일이다. 이 일은 강력하고도 주권적인 하나님의 역사였다. 하나님은 이 일을 자신의 아들을 통해서 성취하셨다. 유대인이나 이방인이나, 우리 모든 사람은 다 허물과 죄로 인해서 죽어 있었다. 완전한 은혜로 오신 주 예수님은 사람으로서, 바로 우리의 자리, 곧 사망의 자리에 들어가셨다. 모든 것이 사망 상태에 있었을 때, 우리가 허물과 죄들로 죽어 있었을 때, 그리스도는 은혜로 죽음의 자리에 들어가셨고, 하나님은 그 현장에 오심으로써 자신의 주권적인 권능으로 새로운 사역을 시작하신 것이다. 하나님은 그리스도를 이 죽음의 자리에서 일으키셨고, 우리도 그렇게 그리스도와 함께 살리심을 받았다.

이것은 사람이 참여할 수 없는 오직 하나님만의 역사다. 인간의 힘과 노력이 전혀 가미되지 않은 순수한 하나님의 역사였다. 왜냐하면 이 일이 있기 전, 인간은 모두 죽어있었기 때문이다. 여기에 칭의의 자리는 없다. 왜냐하면 의롭게 될 필요가 있는 사람은 죽은 사람이 아니라 살아 있는 사람이기 때문이다. 아담의 자손으로서 총체적인 책임의 문제는 여기서 끝난다. 왜냐하면 그리스도께서 죽으셔야만 했던 이유가 바로 우리의 책임의 문제를 해결하기 위한 것이었기 때문이다. 그리스도 예수의 사람들을 위해서 그 문제가 해결되었기에, 그리스도는 전혀 새로운 생명(부활 안에 있는 생명)으로 죽은 자 가운데서 일으킴을 받았고, 따라서 이제 책임의 문제는 끝났다. 이제 그리스도는 책임의 문제가 들어올 수 없는 하늘 영역에 계시며, 우리도 거기서 그리스도 안에 있다. 이처럼 새로운 피조물이 되는 것은 절대적이고도 온전히 하나님의 역사이다. 따라서 새로운 피조물의 특징은 "모든 것이 하나님께 속해 있는"(고후 5:18) 새로운 창조세계 안에 있는 것이다. 옛 것은 지나갔으며, 죽음에 둔혔기에 다시 돌아올 수 없다. 이제 새로운 피조물이 된 우리에게 속한 것들은 모든 것이 새롭다. 이것은 단순히 느낌상 새롭다는 것이 아니라, 이전에 존재한 일이 없었던 새로운 세계에 들어온 것처럼 새롭다는 의미이다. 이 구절이 담고 있는 위대한 생각은 사람에게 속한 모든 것은 완전히 시야에서 사라졌고, 오직 하나님에게 속한 것만 보이게 되었다는 것이다. 이 모든 것들이 실제적으로 이루어지는 날이 오고 있다. 그리고 안과 밖에 있는 모든 것들이 하나님의 거룩성을 입게 되는 날이 오고 있다. 그때까지 이 모든 것은 그리스도 안에 있는 모든 신자, 즉 "누구든지 그리스도 안에 있으면 새로운 피조물"이 된 사람만이 경험할 수 있는 영적 실체인 것이다.

새로운 피조물은 영적 실체를 가지고 있기에, 도덕성의 승격을 동반한다

반복해서 말하지만, 이렇게 새로운 피조물이 되는 것은 자기 속에서 이루어진 무슨 도덕적 작용에 의해서 되는 것이 아니다. 반면 자기 영혼 속에서 새로운 도덕적 작용이 일어나는 것은 새로운 출생, 곧 거듭남이다. 하지만 새로운 피조물이 되는 것은 거듭나는 것과는 전적으로 다른 차원의 것이다. 거듭나는 것은 살아 있는 사람에게서 일어나는 도덕적인 작용이다. 말씀과 하나님의 영이 어우러져 사람에게 작용할 때, 그는 새로이 태어나게 된다. 하지만 에베소서에선 사람 속에 무슨 작용이 일어날 수 없다. 왜냐하면 사람은 죽음(사망) 속에 함몰되어 있기 때문이다. 당신은 당신 영혼 속에 옛 창조가 하나님 앞에서 도덕적으로 폭삭 망했다는 영적 감각을 갖기 전까지는, 새로운 피조물이 무엇인지 결코 이해할 수 없을 것이다. 물론 나는 지금 물질적인 피조세계, 즉 모든 것이 첫 번째 창조에 속해 있는 나무, 들판, 강, 그리고 우리의 몸 등에 대해서 말하고 있지 않다. 오히려 우리의 도덕적인 존재성에 대해서 말하고 있다. 즉 우리 영혼에 대해서 말하고 있다. 하나님 앞에서 도덕적이고 영적인 우리의 존재에 대해서 말하자면, 우리는 이제 그리스도인으로서, 그리스도 안에 있는 자로서, 모든 것이 전적으로 하나님께 속해 있는, 절대적이고 온전히 새로운 피조세계에 들어온 것이다.

새로운 피조물이 되었다는 초월적 감각을 느껴본 적이 있는가

당신을 둘러싼 물질적이고 실제적인 창조세계에서, 당신은 진정 "나는 새로운 피조물이 되었다"는 초월적 감각을 느껴본 적이 있는가? 나는 우리가 실제 물질적인 것들을 보다 현실적으로 체감하고 살고 있음을 부정하지 않는다. 왜냐하면 사실 우리가 믿음으로 사는 것이 너무도 빈약하기 때문이다. 만일 하나님께서 자신의 말씀 속에 제시하고 있는 대로 하나님의 생각을 선명하면서도 단순하게 우리가 받아들인다고 할 것 같으면, 이 새로운 피조물의 세계는 우리 영혼에 매우 실재적인 것으로 다가오게 될 것이다. 하지만, 아! 대부분의 신자들은 물질적이고 자연적인 세계에서 사는 것으로 만족하고 있을 뿐, 영적인 세계에 속한 것들은 우리 영혼 속에서 거의 감지되고 있지 않다.

어째서 우리는 신자들이 전적으로 하나님께 속한 새로운 피조물에 속해 있다는 사실을 강조해야 하는가? 왜냐하면 갈라디아서 6장에서 "그리스도 예수 안에서는 할례나 무할례가 아무것도 아니로되 오직 새로 지으심을 받은 자뿐이니라"(15절)고 배운

대로, 이 사실은 우리가 걸어가야 하는 믿음의 발걸음을 안내해 줄 영적인 규례를 제공해주고 있기 때문이다. 그래서 "누구든지 이 규례를 행하는 자에게와 하나님의 이스라엘에게 평강과 긍휼이 있을지어다."(16절)라고 말하고 있는 것이다.

진정 가치 있는 것은 새로운 피조물 뿐이다

할례와 무할례는 모두 옛 창조에 속한 것이다. 따라서 사도는 갈라디아 사람들이 잘못된 길에 서 있다고 말하고 있다. 그들은 하나님께서 끝을 내버리시고, 하나님의 눈 앞에서 치워버리신 첫째 사람을 부활시키려고 애쓰고 있었던 것이다. 그들은 새로운 달과 안식일을 지킴으로써 절기와 날과 성일을 원했다. 이것은 그리스도의 십자가로 소멸시켜버린 구약의 예표적인 예식들을 회복시키려는 것이었다. 그들은 하나님이 끝내버리신 것에 무언가를 더하고 싶어 했다. 하지만 그렇게 더하는 것은 실제로는 하나님의 일을 무너뜨리는 것이었다. 율법에 의해서 의롭게 되고자 애썼던 그들은 은혜에서 떨어진 사람들이었다. 사도 바울이 진지하게 써내려간 서신을 통해서 결론을 내린 것은 이렇다. 즉 율법은 이제 아무 것도 아니다. 할례가 아무것도 아닐뿐더러, 무할례도 아무것도 아니다. 진정 가치 있는 것, 유일하게 가치 있는 것은 새로운 피조물 외엔 없다. 그리고 사도는 이 규례를 따라서 행하는 모든 사람에게 평안과 자비를 선포한다. 무슨 규례인가? 바로 새로운 피조물의 규례이다. 새로운 피조물 가운데 있는 자신의 자리를 알고, 또 새로운 피조믈을 위한 규례를 이해하는 사람들에겐 분명한 도덕적 행실이 나타나게 되어 있다. 하나님의 이스라엘은 여기서 복을 받고 있다. 하나님의 이스라엘은 팔레스타인의 이스라엘이 아니라, 마음이 참으로 하나님께로 성별된 사람들을 가리킨다.

이처럼 경이로운 새로운 피조물을 창조해낸 역사는 하나님의 능력 혹은 하나님의 사랑을 보여주기 위한 단순한 행위가 아니었다. (물론 가장 높은 수준에서 바라본다면, 두 가지 모두가 나타났다고 볼 수 있다.) 새로운 피조물의 역사에는 분명 목적이 있었다. 그것은 우리가 허물로 죽어 있었을 때, 우리를 사랑하신 하나님의 큰 사랑의 역사였고(엡 2:4,5), 그래서 그 사랑은 하나님을 움직여 우리를 사망 상태에서 건져내어 다시 살리셨고, 하늘에 있는 자리에 앉게 해주신 것이었다(엡 2:6). 따라서 하나님의 사랑과 하나님의 능력이 나타나게 한 이 새로운 창조의 역사는 현재와 미래에 대한 분명한 목적을 가지고 있다. 미래에 대한 목적은, "그리스도 예수 안에서 우리에게 자비하심으로써 그 은혜의 지극히 풍성함을 오는 여러 세대에 나타내려는"(7절) 것이다. 우리는 은혜로, 믿음을 수단으로 해서 구원을 받았다. 이것은 하나님의 선물이다. 사람의 행위는 여기서 설 자리가 없다. 왜냐하면 여기에 인간의 행위가 개입된다면, 자랑할 여지가 있기 때문이다. 하지만 하나님은 오직 하나님 외에는 누구든지 자랑하지 못하도록 정하셨다. 이는 우리 영혼에게 매우 복된 일이다. 우리는 오직 한 가지 사실만 기억하면 된다. 즉 선하건 악하건, 쾌활하건 우울하건, 종교적이건 세속적이건 간에, 사람은 본래 옛 창조에 속해 있다. 이제 우리는 새로운 피조물이며, 옛 창조 세계에서 완전히 벗어났다. 따라서 우리는 더 이상 옛 창조에 속한 사람과 관계할 것이 없다. 하나님은 자신의 주권을 따라 역사하심으로써, 이제 우리와 연결되어 있는 모든 것을 옛 창조에서 새 창조로 옮기셨다. 이제 우리 앞에는 모든 것이 절대적으로 하나님께 속한 새로운 세계가 펼쳐진 것이다.

새로운 피조물이 된 사람의 삶

이처럼 경이로운 하나님의 역사는 현재적인 효과 뿐만 아니라 미래적인 효과도 있다. "우리는 하나님이 새로이 만드신 바라 그리스도 예수 안에서 선한 일을 위하여 새로이 지으심을 받은 자니 이 일은 하나님이 전에 예비하사 우리로 그 가운데서 행하게 하려 하심이니라." (엡 2:10) 하나님은 우리를 새로 지으시되, 단순히 황홀경을 맛보는 삶도 아니고, 수도승처럼 좁은 방안에서 도를 닦는 삶도 아니고, 실제적이고 현실적인 삶, 즉 선을 행하는 삶을 살도록 새로이 창조하셨다. 신자들은 게으른 구경꾼이 되어서는 안되고, 실천적으로 힘써 일하는 일꾼이 되어야 한다. 그렇다면 신자가 힘써야 하는 선한 행실이란 무엇일까? 무슨 생각이 떠오르는가? 흔히 사람들이 말하는 선한 것, 좋은 것, 기분 좋게 하는 것, 동료들에게 유익을 주는 것, 인류의 삶을 한층 업그레이드 시키는 것, 그와 같은 것들일까? 그렇지 않다. 우리는 결코 우리가 원하는 것을 하고 또 우리가 원하는 대로 살도록 부르심을 받지 않았다. 하나님은 선한 일이 무엇인지 미리 예비하셨다. 그것은 바로 하나님의 뜻을 성취하며, 하나님의 뜻 가운데 행하는 것이다. 우리는 하나님이 새로이 만드신 존재로서, 우리가 행해야 하는 일이 무엇인지, 그 일의 영역과 특징이 하나님에 의해서 미리 정해진 존재들이다. 우리는 과연 어떻게 이러한 것들을 깨닫고 또 이것들을 실천할 수 있는가? 바로 믿음이다. 믿음만이 하나님께 속한 것을 받아들이고, 절대적으로 의지하는 일을 가능케 해준다. 절대 의존은 새 사람의 특징이다. 새 사람은 모든 것을 단순하게 바라본다. 만일 우리가 자연 세계에 속한 모든 것에서 벗어났다는 사실을 잊거나, 무시하거나, 망각한 채, 이 새로운 영역에서 활동하고자 한다면, 우리는 너무도 쉽게 군중에 떠밀려 다니게 될 것이고, 하나님이 우리 자신에게 전혀 의도하지 않은 수백 가지의 일들에 매몰되어 버릴 것이며, 실제로 하나님이 우리에게 맡기신 일들은 내팽개치게 될 것이다. 따라서 무슨 일을 하고자 시도하지 않을수록, 하나님이 원하시는 일을 발견할 가능성이 더 높다. "순종이 제사보다 낫고 듣는 것이 숫양의 기름보다 나으니"(삼상 15:22) 하나님의 뜻을 행하는 것보다 하나님을 더 기쁘시게 하는 일은 없다. 우리 자신의 뜻을 행하는 것보다 우리 자신을 더 기쁘게 하는 일은 없다. 그렇지 않은가? 만일 우리가 진정 우리 자신을 십자가에 못 박았다면, 우리의 책임 뿐만 아니라 우리 자신의 뜻도 함께 십자가에 못 박은 것이다. 두 가지는 함께 그리스도의 죽음 속에 매몰되었다. 만일 우리가 은혜로 말미암아, 우리 자신의 뜻 대신 하나님의 뜻을 받아들인다면, 그것은 옳은 일일 뿐만 아니라 우리 자신에게도 기쁨을 주는 일이 될 것이다. 사실, 우리 영혼이 한량없는 기쁨에 빠져드는 것은 우리 마음이 이끄는 일을 하는 것이 아니라, 하나님의 뜻을 성취하는 일을 하는 것이다.

사실, 오직 하나님만이 우리 영혼 속에 이러한 일들을 통해서 기쁨의 파장을 일으킬 수 있다. 우리가 이러한 일들을 생각해볼 수 있다는 것 자체만으로도 복된 것이다. 성령님은 하나님의 말씀을 사용해서, 우리 마음 속에 이러한 것들을 좋게 여기도록 해주신다. 나는 지금까지 이 일을 해오고 있다.

새로운 피조물의 머리와 중심이신 그리스도

첫 번째 창조가 이루어졌을 때, 과연 하나님의 첫째 창조의 역사는 하나님께 좋았고, 마음에 합당한 것이었을까? 그렇다. 하나님은 첫 번째 창조를 보시고, "보시기에 매우 좋았더라"고 선언하셨다. 하지만 지금은 그렇지 않다. 하나님은 첫 번째 창조세계가 첫째 아담을 머리로 삼도록 정하셨다. 첫째 아담은 하나님이 경고하신 일을 저질렀다. 그래서 죄가 그로 말미암아 들어왔고, 죄로 인해서 사망이 왔으며, 이제 온 피조세계는 함께 탄식하며 함께 고통하고 있다(롬 5장, 8장 참조).

 만일 이 일이 첫 번째 창조세계에 일어났다면, 동일한 일이 새로운 피조물에게도 일어나지 않겠는가? 그런 일은 있을 수 없다. 첫 번째 창조가 아담의 머리됨에 전적으로 의존해 있었고, 아담의 행실 여부에 모든 것이 달려 있었던 것처럼, 이 새로운 피조물도 그 머리와 중심되는 존재에 의존되어 있다. 바로 주 예수 그리스도께서 새로운 피조물의 머리이시다. 하나님의 영원하신 아들만큼 복되신 분은 없다. 무슨 실패와 실수가 있을 수 없다. 왜냐하면 주 예수 그리스도는, 이처럼 새로운 머리가 되는 자리에 들어가기 전에, 이 새로운 피조물에 속한 모든 사람이 감당해야 하는 책임의 문제를 하나님 앞에서 해결하셨으며, 영원한 효력이 발휘되도록 하셨다. 따라서 첫 번째 창조세계에서 책임의 문제가 앞에 있었다면, 새로운 피조물은 책임의 문제가 뒤에 있으며, 이미 끝난 문제이다. 모든 것이 새로운 피조물의 머리이시며, 하나님의 창조의 시작이신 그리스도에게 달려 있다. 우리는 "그리스도 안에서 새로이 지으심을 받은 자로"서 신령한 복과 생명 안에서 그리스도와 연합을 이루고 있다. 따라서 우리가 그리스도를 알면 알수록, 우리가 그리스도를 기뻐하면 할수록, 우리 마음이 그리스도로 가득하면 할수록, 우리가 그리스도의 음성을 듣고 또 그 발자취를 따르면 따를수록, 우리는 이 새로운 피조물의 세계와 영역을 더욱 실제적으로 경험하게 될 것이며, 새로운 피조물의 세계에 거하시는 그리스도를 섬기는데 더욱 합당한 사람으로 빚어지게 될 것이다.

부록. Appendix.

어떤 사람들은 새로운 피조물과 자연 세계에 연결된 관계들을 유지하고 조화시키는 일에 상당한 어려움을 느낀다. 지금까지 내용을 전개하는 과정에서 이 부분을 다룰 시간이 없었기 때문에, 마치기 전에 이제 이 주제를 다루고자 한다.

하나님의 말씀에 순종하고자 하는 모든 사람은 새로운 피조물에 대해서 언급하고 있는 대부분의 성경 구절들은 하나님이 정하시고 세우신, 이 땅의 모든 (인간) 관계들이 유지되어야 할 것을 매우 분명하면서도 섬세하게 말씀하고 있다는 사실을 기억할 때, 모든 의혹이 제거될 것이다. 이 문제는 에베소서를 읽어보면 쉽게 알 수 있다. 에베소서는 이렇게 제기될 수 있는 어려움에 대한 답변을 주기에 충분하다. 하지만 단순한 답변 이상의 필요를 느낀다면, 조금 더 생각해볼 여지는 있다.

하나님이 정하시고 세우신 모든 자연적인 관계는 지상에 사는 삶에 기원을 두고 있으며, 지상의 삶이 끝날 때 모두 끝날 것이다. 그 모든 관계들은 하나님의 섭리를 전개하는데 필요한 것이기에, 그것들을 무시하거나 위반하는 것은 악한 일이다. (마태복음 19장, 히브리서 13장을 비교해서 읽으라.) 이 모든 관계들이 제 자리에 있는 것은 중요한 일이긴 해도, 사실 새로운 피조물에서는 설 자리가 없다. 한 사람이 새로운 피조물이 되었다 해도, 성심껏 이 모든 관계들을 유지해야 한다. 하지만 이렇게 한다 해도 충분한 것은 아니다. 그는 자신이 새로이 들어간 새로운 피조 세계, 새롭게 승격된 높은 신분과 조화를 이루면서, 이처럼 새롭고 독특한 방식으로 지상에서 자신에게 부여된 모든 의무와 책임을 준수해야 한다. 마치 평민의 신분에 있던 사람이 귀족의 신분으로 상승했을 때, 자신의 새롭고도 존귀한 신분에 합당하게 자신의 아내와 가족들을 대해야 하는 것과 같다.

모든 남자는 당연히 자신의 아내를 사랑해야 하지만, 새로운 피조물이 된 남자는 그리스도께서 교회를 사랑하신 것과 같은 방식으로 자기 아내를 사랑해야 한다(엡 5:25). 바른 마음을 가진 모든 사람은 자기 자녀를 가르치되 "마땅히 행할 길을 아이에게"(잠 22:6) 가르쳐야 하지만, 새로운 피조물이 된 사람은 자기 자녀를 "주의 교양과 훈계"로 양육해야 한다(엡 6:4). 종들은 항상 상전들에게 순종해야 하지만, 새로운 피조물에 속한 사람은

"성실한 마음으로", 그리고 "선한 뜻으로" "주께 하듯" 섬겨야 한다. 다른 일들도 마찬가지이다.

지금까지 살펴본 대로, 새로운 피조물은 우리 영혼에만 적용된다. 그럼에도 새로운 피조세계에 들어온 사람들에겐 새로운 피조물에 속한 새로운 성품이 부여되며, 지극히 평범한 인간의 삶 속에 새로운 효력이 나타나도록 작용된다. 하나님께 감사하자. 그 날이 매우 가깝다. 우리는 현재 지상의 삶에 뿌리를 내리고 있는 모든 것에서, 즉 몸(육체)와의 관계와 존재 형태 등 모든 것에서 벗어나서, 전적으로 하나님에게 속한 것들, 곧 하나님의 마음에 정한 바를 따라서 새롭게 되는 변화를 겪게 될 것이다. 하지만 그 어간에, 새로운 피조물로서의 삶을 살면서 동시에 하나님이 정하신 모든 것들을, 하나님께서 끝내시는 그 때까지, 성실함으로 유지해야 한다. 우리는 이토록 우리를 배려해주신 하나님께 감사하면서, 이 땅에 사는 동안에는, 우리를 위해서 세우신 이 모든 관계들을 존중하면서, 그 관계들을 유지하는 일에 힘써야 한다. 이러한 관계들이 없다면, 이 관계들을 통해서 우리가 누릴 수 있는 유익에 대해서는 말할 것도 없거니와, 이 세상은 너무도 삭막한 장소가 될 것이 분명하다. 새로운 피조물로서 이러한 관계들을 증진할 때, 우리의 돌봄 혹은 존중의 대상이 되는 상대 뿐만 아니라, 우리를 그처럼 가깝고 행복한 관계로 엮어 주신 주님께 대한 의존은 깊어지고, 확신과 신뢰는 확고해지고, 애정은 배가되고, 우리 마음은 넓어지는 것을 경험하게 될 것이다.

 이제 우리로 하여금 영적이고 하늘에 속한 요소들과 어우러져 살아갈 뿐만 아니라 이 두 가지를 결합시킬 수 있는 은혜와 지혜를 얻게 해주시고, 그렇게 알게 해주신 영적 통찰력을 가지고 자연 세계에서도 영향을 미칠 수 있게 해주시길 바란다. 만일 그렇지 않다면, 우리는 자연 세계에 종속될 것이고, 그저 자연세계에 끌려 다니는 존재로서 살아갈 수밖에 없게 될 것이 분명하다.

"이 둘로 자기 안에서 한 새 사람을 지어 화평하게 하시고
또 십자가로 이 둘을 한 몸으로
하나님과 화목하게 하려 하심이라" (엡 2:15,16)

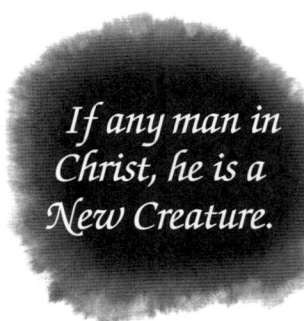

제 5장 새로운 피조물로 사는 기쁨

by 존 넬슨 다비

고후 5:13-21을 읽으시오.

이제 새로운 피조물이다

437

고린도후서 5장에서 새로운 피조물에 대한 하나님의 생각을 보는 것은 참으로 복된 일이다. 새로운 피조물로서 사람은 자신이 지은 죄들과 책임을 벗어버리게 된다. 왜냐하면 새로운 피조물이 된 사람은 그 두 가지 측면에서 이미 죽은 사람이기 때문이다. 첫째 아담에 대한 심판이 이루어졌다. 옛 것은 완전히 지나가 버렸다. 이제 새로운 피조물이다. 이 새로운 피조물 안에서 나는 (책임 있는 존재로서) 사람 대신 (새로운 창조자로서) 하나님을 본다. 비록 그리스도를 육신을 따라 알았으나, 이제는 더 이상 그같이 알지 않는다. 이 세상에 오셨을 때 그리스도께서는 세상에 새로이 임하는 소망과 믿음의 대상이셨다. 하지만 이제 사도 바울은 그리스도를 모든 사람을 위해서 죽으셨다가 이제는 영광을 받으신 분으로만 알고 있다. 따라서 유대인이나 이방인이나 모든 사람은 다 사망 아래 있으며, 이제 우리는 그리스도를 더 이상 육신을 따라 아는 것이 아니라 (사람의 소망은 거기에 있었지만) 새로운 피조물의 머리로서 알 필요가 있다. 새로운 창조 세계는 모든 것이 하나님께 속해 있는 세계이며, 그 속에서 우리 자신이 그리스도 안에서 하나님의 의(義)가 된 세계이다. 하나님은 둘째 사람을 통해서 자신을 나타내셨고, 둘째 사람이신 그리스도의 죽음을 통해서 속량을 이루셨으며, 그 결과 우리는 그리스도 안에서 하나님의 의(義)가 되었다.

첫 번째 창조에서, 우리는 사람과 및 사람의 책임을 본다. 새로운 창조에서는, 모든 것이 하나님께 속해있고, 사람은 예수 그리스도를 통해서 하나님과 화목을 이루고 있다. 우리는 우리 영혼 속에 이 새로운 창조세계에 속한 능력을 소유하게 되었고, 새로운 피조물에 속한 자로서 또한 하나님과 화목된 자로서의 삶을 영위할 수 있는 능력을 얻게 되었다. 옛 창조에 속한 모든 것들은 믿음에 속한 사람에게는 다 지나간 과거지사이다.

"이전 것은 지나갔으니 보라 새 것이 되었도다."(17절)

바울, 새로운 능력에 사로잡힌 삶을 살다

우리는 13절을 통해서 사도 바울이 어떻게 이 능력을 체험하면서 행했는지를 볼 수 있다. 그래서 바울은 "우리가 만일 미쳤어도 하나님을 위한 것이요"라고 말했다. 즉 만일 바울이, 사람으로서 자신의 분량과 인간적인 한계를 넘어서고 있었다면, 그처럼 초인적인 힘에 열광해서는 아니 되었던 것이다. 왜냐하면 그럴 수 있었던 것은 그가 하나님께 사로잡혀 있었기 때문이다. 어쩌면 그것을 영적 몰입상태(ecstasy)라고 부를 수 있을 지도 모른다. 바울의 영이 천상을 향해 더 높이 비상했을 때, 그는 자신이 그리스도 안에 있는 자로서, 또 하나님께 사로잡힌 자로서 행한 그의 섬김과 봉사는 자신의 능력의 한계를 뛰어넘을 수 있었다. 만일 그가 정신이 온전해지고, 이전과 같은 안정된 상태로 돌아와 자신을 둘러싼 현실적인 어려움들을 감내해야만 했을지라도, 그는 여전히 자신 속에 사랑으로 역사하시는 하나님을 의지할 수 있었다. 바울의 생각은 전적으로 그 사랑 안에서 다른 사람들을 위하고 있었다. 이것이 바울의 일상적인 삶이었다. 그럼에도 바울은 늘 천상을 향해 비상했고 하나님께 사로잡혀 있었다. 다시 돌아와 땅의 일을 생각할 때, 그의 모든 생각은 다른 사람들을 위한 생각 뿐이었다. 바울의 마음을 강권하는 것은 그리스도의 사랑이었고, 자신을 둘러싼 모든 것을 그리스도의 죽음과 연관해서 생각했다. 그렇다면 바울의 마음 속에 있었던 그리스도는 이스라엘에게 주신 약속들을 성취하고자 오신, 그래서 육신을 따라서 아는 살아있는 메시아가 아니었다. 그 모든 것은 끝났다. 그리스도께서 십자가에서 죽으셨기 때문이다. 바울은 사람이 만일 사망 가운데 처해있지 않았다면 그리스도께서 죽음에 내려가지 않았을 것이라고 생각했다. 아담에게 속한 인류의 전체 역사는 죽음을 통해서 종결되었다. 만일 인류가 사망에 처해 있지 않았다면, 그리스도는 사망을 겪지 않았을 것이다. 다른 사람들이 사망 가운데 처해있지 않을진대, 어째서 굳이 죽음을 당하실 필요가 있단 말인가? 이제 그리스도를 통해서 살아난 사람들은 그들 자신을 위하여 살지 않고, 자신을 위하여 죽었다가 다시 살아나신 그리스도를 위하여 살아야 한다. 그러므로 우리는 어떤 사람도, 비록 회심하지 않은 사람일지라도, 그저 옛적부터 아는 대로 육신을 따라 그를 생각할 것이 아니라, 이렇게 생각해야 한다. 즉 우리는 모든 사람을 (허물과 죄로 인해서) 죽어 있는 사람으로 생각해야 하고, 그리스도의 죽음을 통해서 구원받을 필요가 있는 사람으로 알아야 한다. 만일 그 사람이 그리스도인일지라도, 그 또한 동일하다. 우리는 그 사람을 옛적부터 아는 대로 육신을 따라 알아서는 안되며, 그리스도와 함께 살아난 사람으로 알아야 하며, 그리스도께서 자신을 통해서 존귀하게 되는 것을 자신의 유일한 목표로 삼은 사람으로 알아야 한다. 그리스도의 경우에도 마찬가지이다. 우리는 이처럼 새로운 피조물과 연관해서 생각해야 하며, 그리스도를 육신을 따라서 알아서는 안된다. 그리스도는 옛 창조 세계를 향해서 죽으셨다. 이제는 누구든지 그리스도 안에 있는 사람은 새로운 피조물이며, 옛 것은 지나갔고 모든 것이 새롭게 되었으며, 그 모든 것은 하나님께 속해 있다. 사람은 죽어 있었지만, 하나님은 새로운 창조를 일으키셨다.

새로운 피조물로 사는 기쁨과 행복

438

고린도후서 5장 19절 "이는 하나님께서 그리스도 안에 계시사 세상을 자기와 화목하게 하시며 저희의 죄를 저희에게 돌리지 아니하시고 화목하게 하는 말씀을 우리에게 부탁하셨느니라"를 보면 바울이 그리스도께서 육신으로 오신 것을 언급하면서, 이 진리의 동일한 측면을 설명하고 있는 것을 볼 수 있다. 이는 이스라엘 민족에게 약속을 성취하고자 오신 것에 대한 것이 아니라, 하나님께서 은혜 가운데서 자신을 세상에 계시하고 있는 것에 대한 것이다. "그리스도 안에서 하나님은 세상을 자신과 화목하게 하셨고, 그들의 죄를 그들에게 돌리지 아니하셨다."(19절) 이것은 그리스도의 초림에 대한 설명이며, 또한 그리스도에 대한 사도 바울의 생각이었다. 우리는 그리스도께서 자기 백성들에게 오셨고, 조상들에게 주신 약속들을 성취하고자 하나님의 진리를 위하여 할례자들을 섬기는 일꾼이 되셨다는 것을 알고 있다(롬 15:8). 이 모든 것은 참으로 복된 일이다. 하지만 여기서 우리는 사람으로 오신 하나님을 볼 수 있으며, 그렇다면 우리는 사람을 더 이상 유대인 또는 이방인으로 볼 필요가 없게 된 것이다. 만일 하나님께서 그리스도 안에 계셨다면, 하나님은 온 세상을 향해 역사하고자 하셨던 것이다. 만일 이것이 하나님께서 온 세상에 은혜 가운데 오신 자신을 나타내는 문제라면, 그리스도에 대한 당신의 생각은 하나님을 제한시킬 수가 있다. 동일한 이유로, 바울이 그리스도의 사랑을 말할 때, 그는 모든 사람을 죽어 있는 존재로 보았고, 그래서 더 이상 유대인이나 이방인으로 구별하지 않았으며, 다만 그리스도의 사랑을 필요로 하는 사람들로 보았다. 모든 사람은 새로운 피조물이 될 필요가 있었다. 하나님은 이제 그리스도 안에 있는 모든 사람을 새로운 피조물로 보신다.

우리는 이상의 내용이 하나님의 위격의 영광에 대한 설명인 것을 알고 있지만, 사도 바울은 여기서 그것을 역사적으로 기술하고 있다. 그러므로 바울이 세상에 사셨던 주 예수님을 바라볼 때, 그는 그리스도 안에서 세상에 대해 풍성한 은혜로 일하시는 하나님을 볼 수 있었다. 하나님이 그리스도 안에 계셨다. 이것은 참으로 위대한 사실이다. 하나님이 여기서 화목케 하는 자로 계셨지만, 사람은 화목케 되지 않았다. 과연 사도 바울은 하나님이 우리와 직접 화목하기를 바라신다고 말하는가? 그렇지 않다. 하지만 하나님은 예수 그리스도를 통해서 우리와 자신을 화목하게 하셨고, 우리에게 세상과 화목하게 하는 말씀을 맡기셨다. 물론 다른 사도들도 자신들이 받은 분량만큼 화목하게 하는 사역을 받았다. 그리스도께서 오셨을 때, 사람은 하나님과 화목하지 않았다. 그래서 하나님은 그리스도를 죄로 삼으실 수밖에 없으셨고, 우리를 위한 속죄의 사역을 감당하게 하셨다. 이제 그리스도는 하나님 우편에 계신다. 우리는 그리스도 안에서 하나님의 의(義)가 되었다. 사도 바울은 심지어 고린도교회를 향해서 "너희는 하나님과 화목하라."고 말하지 않았다. 왜냐하면 그들은 이미 화목되어 있는 상태였기 때문이다. 하지만 하늘에 계신 그리스도, 우리를 위한 속죄를 이루고자 사망을 이기고 승리하신 그리스도께서는 모든 일을 완성하는데 필요한 과정으로서 영광 중에 하나님의 우편에 앉으셨고, 이제 그리스도는 이 땅에서 화목 사역을 수행해줄 대사들을 필요로 한다. 따라서 사도 바울은, 자신이 설교할 때, 특히 죄인들에게 복음을 전할 때, "그리스도를 대신하여 간청하노니 너희는 하나님과 화목하라"(20절)고 말했던 것이다. 이러한 것이 사도 바울이 그리스도의 대사로서 사람들에게 말해야 했던 것이다. 과연 우리는 이렇게 살고 있는가? 하나님의 새로운 피조물로서 주어진 능력 가운데 살고, 첫째 창조에 속한 것이 무엇인지 그 모든 것을 믿음으로 분별해내고, 그리스도 안에서 마련된 우리의 자리에 속한 신령한 복 속으로 들어가, 성령을 근심케하지 않음으로써 쏟아져 나오는 능력 가운데 살고 있는가? 다른 사람들과의 관계에서, 당신은 과연 당신에게서 그리스도의 생명이 그들의 행실과 삶의 모습 가운데 능력으로 발산되고 있는지를 염려하는가? 세상을 살아가는 동안 혹 우리의 삶 속에 악한 것이 있는지를 실제적으로 판단하고 있으며, 그럼에도 여전히 우리 영혼은 그리스도 안에 있는 우리의 복됨을 충만히 누리고 있는가? 그렇다면 우리는 하나님과 화목된 자로서 행복을 만끽하게 되고, 이로써 우리 마음은 하나님께 대한 찬양으로 벅차오르게 되며, 이러한 감동은 직접적으로 여전히 자기 죄 가운데 죽어있는 다른 사람들에게도 전이(轉移)될 것이다. 이런 일을 실제적으로 경험하려면, 우리는 그리스도의 죽음을 우리 자신과 우리 자신의 행실에 직접적으로 적용할 수 있어야 한다. 그래서 사도 바울은 "우리가 항상 예수의 죽음을 몸에 짊어짐은 예수의 생명이 또한 우리 몸에 나타나게 하려 함이라"(고후 4:10)고 말했던 것이다. 만일 우리가 이 일을 날마다, 매 시간 마다 하지 않는다면, 모든 것을 그리스도의 죽음의 선언 아래 두지 않는다면, 모든 일을 그리스도의 죽음이란 잣대로 판단하지 않는다면, 그리스도 안에 있는 자로서 우리가 받은 복으로 충만하게 되는 대신에 성령님은 우리 속에서 근심하실 것이다. 그렇다면 성령님은 그리스도의 빛을 가지고 우리 자신을 판단하도록, 우리의 행실을 점검하도록 우리를 일깨우는 일을 하실 것이다.

예수 죽으신 것을 짊어지고 살라

439

주님께서 우리로 하여금 성령님을 근심케 하지 않고 도리어 능력 가운데 행할 수 있게 해주시고, 모든 것을 사로잡아 그리스도께 복종하게 해주시고, 사도 바울이 이어서 말하고 있는 "사망은 우리 안에서 역사하고 생명은 너희 안에서 역사하느니라"(고후 4:12)고 한 것의 실체를 알게 해주시길 빈다. 자신의 몸에 주 예수님의 죽으신 것을 짊어짐으로써 바울 자신은 정작 죽음을 경험하였지만, 그 결과는 고린도 성도들에게 생명으로 나타났다. 바울은 거듭난 일이 없는 자연인에게 미치는 그리스도의 죽음의 능력을 알고 있었기에, 고린도인들을 대상으로 사역을 했을 때, 거기에 바울은 없었고 오직 그리스도만이 나타날 수 있었다. 그렇게 예수 죽으신 것을 짊어지고 사역을 했기에 그들에게 생명으로 역사할 수 있었던 것이다. 왜냐하면 사망이 바울 속에서 역사하고 있었기 때문이다.

440

주님께서 우리에게 그러한 생명의 역사를 일으켜주시길 빈다! 특별히 요즘과 같은 이 시대에, 바울처럼 사람들을 알고 이해하는 일이 절실히 요구된다. 자연인들이 떠벌이는 인간의 자랑이 무엇이든 간에, 우리는 모든 사람이 죽어있음을 볼 필요가 있다.

그리스도께서 은혜로 인해서 모든 사람을 위하여 죽으셨다. 그리스도의 죽음은 최고의 은혜와 최고의 사랑에 따른 행동이었다. 따라서 그리스도와 함께 살리심을 받은 사람은, 우리 영혼이 그리스도의 새로운 창조세계에 들어온 사람이기에, 이제는 자신을 위해서 죽었다가 다시 살아나신 분을 위해서 살아야 한다. 우리는 그리스도 안에 있는 어린아이들을 섬기는 자리로 내려와야 하며, 그들을 단단한 고기가 아니라 우유로 먹여야 한다. 그럼에도 우리 자신은, 모든 것이 하나님께 속해 있는 이 새로운 창조의 빛 가운데서 살아야 한다. 우리는 우리 마음을 사로잡고 있는 것이 무엇인지 부지런히 살피고 시험해볼 필요가 있으며, 선악을 분별하는 영적 감각을 늘 새롭게 할 필요가 있다. 이것은 필요한 일일 뿐만 아니라 유익한 일이다. 하지만 새로운 피조물의 일부로서 우리가 그리스도 안에서 얻게 된 우리의 특별한 자리가 있다는 인식을 늘 가지는 것이 더 중요하다. 그 자리는 첫 사람으로서 하나님 앞에서 책임 있는 존재로 서있는 자리가 아니라, 그리스도 안에 계신 하나님께서 은혜로 세상을 자기와 화목케 하셨고, 그리스도를 우리를 대신해서 죄로 삼으심으로써 우리를 새로운 피조물이 되게 하셨으며 또한 모든 것이 하나님께 속해 있으며, 새로운 피조물이 된 사람으로서 하나님 앞에서 하나님의 공의 가운데 서있고, 하나님께 사로잡힌바 된 자로서 기쁨을 누리는 자리이다.

이 모든 일을 이루신 것은 사람이 아니라 하나님이시다. 이 모든 일은 지금 하나님께서 사람에게 하시는 일이다. 사람의 진정한 복은 하나님과 함께 하는 것이다. 우리가 알고 있는 하나님은 그리스도 안에서 계시되신 하나님이다. 게다가 하나님은 그리스도 안에 있는 사람을 하나님의 의(義)로 삼으셨고, 그리스도 안에 있는 사람을 하나님의 새로운 피조물이 되게 해주신 사실을 계시해주셨다.

"새 사람을 입었으니 이는 자기를 창조하신 자의 형상을 좇아 지식에까지 새롭게 하심을 받는 자니라"(골 3:10)

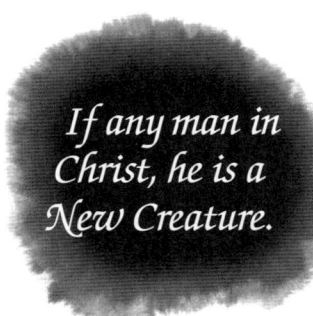

제 6장 새로운 피조물이 시작되는 지점

by 존 넬슨 다비

골 2:1-15을 읽으시오.

우리의 모든 것 되신 그리스도

그리스도는 신자에게 모든 것 가운데 모든 것이 되신다. 영혼은 우선적으로 그리스도 안에서 생명을 얻고, 그리고 나서 생명이 자라갈 목적과 그 영역을 얻는다. 그렇다면 마치 어린아이가 자신을 둘러싸고 있는 모든 환경을 인식하고서 성장하듯이, 신자도 그리스도께서 들어가신 천상 세계의 모든 광경을 인식하면서 성장하게 된다. 이 부분을 다루려면 많은 내용들을 살펴보아야 하지만, 우리는 골로새 2장 1-15절을 통해서 우선적으로 그리스도께서 우리 속에 있는 생명이시며, 또한 그리스도께서 우리에게 모든 것 되신다는 사실을 볼 수 있어야 한다.

그리스도와 함께 살리심을 받을 때, 새로운 자리로 들어간다

그리스도인은 그리스도께서 죄인으로서 우리의 필요를 모두 충족시킨 사실을 알고 있다. 하지만 그리스도인은 자신을 두 가지 방식으로 바라본다. 하나는 구원받은 죄인으로서 자신을 보는 것이고, 다른 하나는 하나님의 계획에 속한 체계와 목적 안에서 자신을 보는 것이다. 상당히 헌신된 그리스도인조차도 후자의 방식을 따라서 자신을 바라보지 못하고 있다. 그리스도는 단순히 우리의 모든 죄들을 사하시는 죄 사함의 은총만을 주신 것이 아니다. 그리스도는 우리에게 자신과 함께 하는 자리(place)를 주셨고, 우리는 이 지식에게까지 이르도록 자라야 한다. 이 자리는 항상 우리를 위하여 하나님의 마음 속에 있었고, 둘째 사람이신 그리스도를 통해서 우리에게 주실 분복으로 정해 놓은 것이었다. 하나님은 그리스도 안에서 우리에게 주신 구원 때문에 우리를 은혜로 대우하시지만, 무엇보다 중요한 것은 하나님이 그리스도 안에서 우리에게 주신 자리이다.

골로새서 2장에 보면 우리는 "손으로 하지 아니한 할례를 받았으니 곧 그리스도의 할례를 통해서 육적 몸을"(11절) 벗어버린 사실을 볼 수 있다. 킹제임스 성경은 이 구절을 "the body of the sins of the flesh(육체의 죄들에 좌우되는 몸)"으로 번역하고 있지만, 나는 이 구절에서 "of the sins"를 생략했다. 왜냐하면 본래 원문에는 없기 때문이다. "너희가 세례로 그리스도와 함께 장사한 바 되고 또 죽은 자들 가운데서 그를 일으키신 하나님의 역사를 믿음으로 말미암아 그 안에서 함께 일으키심을 받았느니라."(12절) 여기서 나는 그리스도와 나 자신이 연결되어 있으며, 이를 통해서 새로운 자리로 들어가는 토대가 마련된 것을 볼 수 있었다. 그리스도는 우리를 대신해서 죽음에 처해지셨고, 죄(sin)에 대한 심판을 받으셨으며, 십자가에서 이루신 그리스도의 사역 덕분에 우리는 깨끗하게 되었고, 또 의롭게 되었다. 그리고 다음 구절에서 나는 두 번째 부분에 들어갈 수 있게 되었다.

"또 너희의 범죄와 육체의 무할례로 죽었던 너희를 하나님이 그와 함께 살리시고 우리에게 모든 죄를 사하시고"(13절)

그리스도인은 죽는 것으로 새로운 삶을 시작한다

골로새서에서 사도 바울이 우리 영혼이 다시 살리심을 받은 것을 말할 때마다, 그것은 단순히 우리가 거듭났다는 사실을 언급하는 것이 아니라, 오히려 우리가 죽어 있었다는 사실로부터 시작하고 있음을 인지해야 한다. 즉 그리스도와 함께 죽은 것으로 시작함으로써, 우리는 그리스도와 함께 장사되었고, 그리스도와 함께 살리심을 받았다는 것으로 나아가려는 것이다. 이는 우리에게 출발지점을 알려주고 있다. 우리는 죽는 것으로 시작해야 한다. 즉 우리는 영적인 생명에 대해서 죽어있었다. 그렇다면 그 말은 우리의 총체적인 것이 끝났다는 의미이다. 이제 하나님은 우리를 책임 있는 존재로 다루시는 것이 아니라, 다만 죽은 자로서 다시 살려야 할 존재로 다루신다. 이것이 바로 그리스도 사역의 결과가 가지고 있는 또 다른 측면이다. 나 자신을 그저 죄인으로 볼 때에도, 나는 그리스도와 함께 죽었다. 죽음은 나 자신이 죄인으로 있는 상태에 적용되었고, 그로 인해서 나는 사망상태에서 벗어날 수 있었다. 하나님은 사망 속에서 매장되어 버린 죄인을 보신다. 그리곤 "이제 모든 것을 새롭게 창조하노라. 이제 새로운 피조물이다."라고 말씀하신다.

이 진리와 연결된 두 가지 것이 있는데, 사도 바울은 골로새서에서 첫 번째 것 이상을 소개하고 있지 않다. 그 첫 번째 것이란, 바로 새로운 피조물이다. 다른 두 번째 것은 이 새로운 피조물이 가지고 있는 생명, 즉 하늘의 영역에 대한 것이다. 내가 구원받았다는 것이 그 하나이다. 물론 이것 자체만으로도 엄청난 일이다. 다른 하나는 내가 아버지와 함께 하는 자리에 들어왔다는 것이다. 이 자리는 지금 하나님의 아들 그리스도께서 들어가신 자리를 가리킨다. "내 아버지 곧 너희 아버지"(요 20:17), "무릇 하늘에 속한 자는 저 하늘에 속한 자들과 같으니"(고전 15:48) 물론 우리는 범죄한 죄인들로서, 처음 구원받을 때 이 자리에 들어왔다. 그럼에도 나의 양심이 이 자리에 들어온 것을 감지하고 있지 않다면, 이 진리가 나를 사로잡은 일이 없다면, 이 진리를 실제적으로 누리는 일은 가능하지 않다. 두 가지 모두 내가 행한 일과 내가 어떠한 사람인가와 연결되어 있다. 이제 그리스도 안에 있는 자에게 더 이상 정죄가 없다. 그리스도인으로서 나는 비록 보배를 담고 있는 질그릇에 불과하지만, 그럼에도 나는 지금 그리스도께서 계신 그 천상세계에 속해있다.

그리스도께서 계신 천상세계에서의 삶을 살라

바로 이 사실이, 독자의 마음에 호소하고 싶은 나의 바램이다. 구원받은 죄인들을, 그리스도께서는 형제라 부르는 것을 부끄러워하지 않으시지만, 형제들은 사실 그리스도 안에서 새로운 피조물이 된 사람들이다. 골로새서는 이렇게 새로운 피조물이 된 것 이상 나아가지 않는다. 하지만 새로운 피조물은 모든 마음과 감정을 다해서 주목하고, 그 정서를 발전시킬 영역을 가지고 있다. 골로새서는 이 부분을 자세히 다루지 않고, 다만 "저희로 마음에 위안을 받고 사랑 안에서 연합하여 원만한 이해의 모든 부요에 이르러 하나님의 비밀인 그리스도를 깨닫게 하려 함이라 그 안에는 지혜와 지식의 모든 보화가 감추어 있느니라"(골 2:2,3)고 말할 뿐이다. 당신은 더 이상 세상의 지혜를 원하지 않을 것이다. 왜냐하면 그리스도 안에서 하나님의 지혜를 가지고 있기 때문이다. 하나님은 우리를 세상에 두셨고, 세상 속에서 시련을 통과하도록 하셨다. 이를 통해서 우리는 우리 마음 속에 진정 무엇이 있는지를 알게 된다. 이 모든 것은 사실이다. 그럼에도 하나님이 우리를 인도해 들이고자 하시는 영역이 있는데, 그곳에 이르러서야 우리는 진정으로 기뻐할 수 있다. "너희가 그리스도 예수를 주로 받았으니 그 안에서 행하되"(골 2:6) 사도 바울은 그들이 그리스도를 주님으로 영접했기에, 그리스도처럼 행할 것을 바라고 있다. 그리스도를 영접했기에, 그들의 마음이 그리스도께서 계신 천상세계에서 살기를 바라고 있다. 사도 바울은 그들의 마음을 땅엣 것에서 돌이키고, 새 사람에게 속한 천상의 영역을 바라보게 하고 있다. 이 천상 세계의 중심에는 그리스도께서 계신다. "그 안에 뿌리를 박으며 세움을 입으라."(골 2:7)

만일 당신 자신에 대해서 진정 잘 알고 있다면, 당신은 당신을 옴짝달싹하지 못하게 꽉 붙들고 있는 가장 큰 올무가 두 마음을 품는 것임을 알 수 있을 것이다. 우리에겐 항상 그러한 성향이 있다. 왜냐하면 우리는 옛 사람을 자극하는 것들로 둘러 싸여 있기 때문이다. 만일 당신이 진실하지 않은 것이 전혀 없는 사람을 보았다면, 그의 마음은 마치 고속도로와 같은 것을 볼 수 있을 것이다. 세상에 있는 모든 것은 그저 스쳐지나가는 것일 뿐이다. 그럼에도 그 사람에게서 영적인 능력은 없을 수가 있다. 이것은 좀 극단적인 사례일지 모른다. 다른 예를 들어보자. 그리스도인의 행실을 기대할 것이 없는 사람이 있다. 그래서 그는 늘 불안

정하다. 그는 그리스도를 좇기를 갈망하면서 그리스도를 따르고 있지만, 그럼에도 그는 좁고 협착한 길에 있지 않다. 그의 마음과 생각을 산만하게 만들고, 그 영혼의 영적인 힘을 빼앗아가는 것이 있다. 하늘에서 내리는 만나는 그에게 밋밋한 음식이 되었고, 더 이상 맛을 느끼지 못하는 상태에 이르렀다. 그의 모든 길에는 안정감이 없다. 바로 여기에 철학과 헛된 속임수로 노략을 당할 위험이 있다. 이렇게 사람의 전통과 세상의 초등 학문을 좇고, 더 이상 그리스도를 좇지 않을 위험이 있는 것이다(골 2:8). 여기서 돌아서야 한다. 세상은 자신만의 초등학문, 즉 세상 원리를 가지고 있다. 게다가 철학과 헛된 속임수를 가지고 있다. 이 모든 것들이 세상에 속한 영혼들을 산만하게 만든다. 이것은 올무이다. 사람들은 이러한 것들로 점령을 당한 채, 자신을 둘러싸고 있는 것들에 푹 빠져서 세상적인 것들로 대화주제를 삼는다. 나는 이러한 것들을 그저 악한 것으로만 치부할 생각은 없다. 하지만 자기 영혼이 이만큼 연약하다는 사실을 깨닫고 이 상태에서 벗어날 수 있기를 바랄 뿐이다. 일단 우리 마음이 이 상태에 있다면, 이스라엘 백성들처럼 애굽에 있을 때에 먹었던 부추와 파와 마늘을 그리워하게 될 것이다. 하지만 그들이 이러한 것들을 그리워했을 때, 사실 자신들이 애굽에서 겪었던 고역과 벽돌 굽는 일과 엄격한 노예생활은 다 잊어버렸다. 따라서 성경은 누가 철학과 세상의 초등학문으로 너희를 노략할까 조심하라고 경고하고 있다. 세상은 결코 그리스도를 따르지 않을 것이다. 이 사실을 쉽게 망각한다는 것이 우리의 문제이다.

그리스도께서 우리 마음에 거하시게 하라

우리는 에베소서에서 믿음에 의해서 그리스도께서 우리 마음에 계시게 함으로써, 우리가 "사랑 가운데서 뿌리가 박히고 터가 굳어져서 능히 모든 성도와 함께 지식에 넘치는 그리스도의 사랑을 알아 그 넓이와 길이와 높이와 깊이가 어떠함을 깨달아 하나님의 모든 충만하신 것으로"(엡 3:17-19) 충만하게 되는 것을 볼 수 있다. 이처럼 경이로운 복이 한 사람 속에 성육신되어 나타났었다. 즉 그리스도는 신성의 충만이 육체로 거하셨던 분이시다. 우리 마음은 이러한 것을 아는데 얼마나 둔한가! 사도 바울은 우리가 이것을 깨달을 수 있기를 간절히 바랬다. 이러한 것이 사도 바울이 바라보는 것이었다. 이러한 것이 우리를 위해, 또한 우리 속에 있다. 왜냐하면 그리스도께서 우리 마음에 계시기 때문이다. 이제 나는 아버지의 기쁨이 되는 한 사람, 그리스도 안에서 그것을 가지고 있다. 나는 그리스도를 통해서 기쁨을 맛보고 있다. 바로 이러한 것이 복되신 주님 안에 있는 경이로운 복이다. 나는 그리스도께서 세상에 계실 때, 그 속에 신성의 충만이 거하셨던 것을 볼 수 있었다. 그래서 그리스도는 "나는 아버지 안에 있고 아버지는 내 안에 계신 것을 네가 믿지 아니하느냐 … 아버지께서 내 안에 계셔"(요 14:10)라고 말씀하셨던 것이다. 게다가 나는 무척이나 나와 가까운 그분을 보고 있다. 얼마나 가까운가? 바로 우리는 성령을 통해서 영광 중에 계신 그분과 연합을 이루고 있다. 그분은 "은혜와 진리가 충만"하신 분이었다. "우리가 다 그의 충만한 데서 받으니 은혜 위에 은혜러라." (요 1:16)

　서신서에 있는 진리에 익숙해지면, 사람들은 흔히 복음서에 가서 천착(穿鑿)하는 경향을 보이곤 한다. 그리스도는 (복음서에 보면) 그들 영혼의 음식과 그들의 목적이었다. 아버지의 기쁨의 대상이 되는 것으로 충분히 만족하셨던 그분이 이제 나의 기쁨의 대상이시다. "그 안에 신성의 모든 충만이 육체로 거하셨던" 그리스도는 여전히 참되고, 실제적인 사람이셨고, 죄가 없고 온전한 사람이셨다. 사마리아 여자를 대하셨던 그리스도의 다정하고 은혜로운 방식을 보라. 이것은 주님의 인격과 성품이 가진 아름다움을 우리에게 보여준다. 이것은 참으로 보배로운 것이다. 주님은 그 자리를 포기하지 않으신다. 주님은 사람이기를 그만 두신 적이 없으시다. 게다가 인내하시고 겸손한 은혜 가운데 우리 상태로 내려오기 보다는, 주님은 그분이 계신 그 자리로 우리를 들어 올리시고, 우리를 자신의 복된 상태로 넣어주셨다.

　이 모든 것은 믿음에 의해서만 이해된다. 우리가 이러한 것들을 진정 보았다면 우리는 세상으로 갈 수 없을 것이며, 그렇게 세상으로 가는 것은 결코 하나님의 뜻이 아니다. 우리는 다만 믿음으로 그 가운데 살아야 한다. 그것은 진정 사실이다.

우리는 그리스도 안에 있는 자로서 완전하다

만일 신성의 완전함이 그리스도 안에서 우리에게 계시되었다면, 우리는 하나님 앞에서 그리스도 안에 있는 자로서 완전해진 것이다. 나는 충만이란 단어보다 완전(完全)이란 단어를 사용한다. 그 단어를 더 좋아하기 때문이 아니라 이어지는 구절과 연결해서 생각해볼 때, 더 자연스럽기 때문이다. "너희도 그 안에서 완전해졌으니"(골 2:10) 신성의 완전함이 그리스도 안에 있는 우리에게 임했고, 그리스도 안에서 우리는 하나님 앞에서 완전해졌다. 이것은 그야말로 우리가 들어가게 된 경이로운 자리의 어떠함을 보여준다. 그 완전함의 정도란 무엇인가? 하나님은 땅을 내려다보시고, 하나님의 마음이 바라시는 모든 의(義), 순종 등을 그리스도 안에서 발견하셨다. 우리는 바로 이러한 그리스도 안에서 완전해진 것이다. 하나님의 마음을 만족시키는 모든 것, 그리고 우리가 이런 단어를 쓸 수 있다고 할 것 같으면, 하나님의 영적인 판단을 충족시키는 것, 바로 그 속으로 그리스도는 우리를 들여보내주신 것이다. 따라서 우리는 "그 안에서 완전해졌고, 그는 모든 정사와 권세의 머리이시다."(골 2:10) 하늘에 있는 것이나 땅 위에 있는 것이나, 하나님이 창조하신 이 모든 것들 위에, 그리스도는 이 모든 것들 보다 높은 곳에 계신다. 그리스도는 항상 하나님의 기쁨의 대상이셨고, "항상 그 앞에서 즐거워하였으며 사람이 거처할 땅에서 즐거워하며 인자들을"(잠 8:30,31) 기뻐하셨다. 그러므로 그리스도는 사람이 되셨고, 은혜로 말미암아, 우리의 생명이 되심으로써 그리스도는 우리를 하나님 앞에 있는 자신의 자리에 넣어주셨다. 그리스도는 하나님의 모든 생각으로 만족하셨다. 그리스도는 하나님의 생각을 자신의 목표로 삼아 만족시키시는 분이신데, 우리가 바로 그 자리에 들어온 것이다. 우리는 이제 그리스도 안에 있으며, 그리스도 안에서 완전해졌다. 이 얼마나 복된 자리인가! 우리는 완전한 은혜 안에서 우리에게 임한 신성의 완전함을 얻게 되었고, 이를 통해서 우리로 그리스도 안에서 완전함을 입을 수 있게 되었다! 바로 여기서 성장이 시작된다. "있는 자는 더 받을 것이다." 이제 우리는 그리스도 안에서 신성의 완전을 가지고 있으며, 우리는 하나님 앞에서 그리스도 안에서 완전해졌다. 무엇을 기준으로 한 완전일까? 하나님은 그리스도라는 기준을 가지고 계신다. 우리가 하나님께 대한 우리의 책임에 대해서 말할 때, 율법이 그 기준이다. 율법은 사람이 무엇을 해야 하는가를 정한 기준이다. 하지만 율법 외에 하나님의 생각을 만족시키는 일이 있었다. 그것은 첫째 사람을 통해서가 아니라 둘째 사람을 통해서 이루어졌다.

육적 몸을 벗음으로써 육신의 낮은 상태에서 벗어나라

사도 바울은 이제 이것을 세세하게 적용시키기 시작한다. 바울은 어떻게 하나님이 가련한 죄인으로서 우리를 높이시고 또 구속의 은혜 속에 넣어주셨는지를 보여준다. 이것이 어떻게 이루어진 것인지를 우선적으로, 이렇게 설명하고 있다. "또 그 안에서 너희가 … 할례를 받았으니"(골 2:11) 이는 우리가 전에 있던 상태, 지극히 낮은 상태, 곧 "너희의 범죄와 육체의 무할례로 죽었던"(13절) 상태에서 들어 올려주는 것이다. 그리고 나서 바울은 하나님이 우리를 "또 그 안에서 너희가 손으로 하지 아니한 할례를 받았으니 곧 육적 몸(the body of the sins of the flesh)을 벗는 것이요 그리스도의 할례"(11절)를 받게 하신 사실을 보여준다. 우리는 여기서 "벗는 것"을 볼 수 있다. 이것이 목적이 아니다. 물론 우선적으로 벗는 일은 이루어져야만 한다. 그렇지 않으면 영광에 들어갈 수 없다. "죄들"은 육신의 활동의 결과이다. 이 단어는 여기선 문자적인 의미로 사용되지 않았다. 따라서 이 구절의 강조점은 육신의 죄들을 벗어버리는 것이 아니라, 육신(또는 육체) 그 자체, 또는 전체를 하나님 앞에서 벗어버리는 것이다. 왜냐하면 이것은 육신이 무엇인지를 실제적으로 발견한 후에 오기 때문이다. 우리 속에는 죄에 깊이 뿌리를 박고 있는 옛 나무, 즉 하나님을 대적하는 원수로서 옛 사람이 있다. 이 옛 사람은 그리스도와 함께 죽었다. 그러므로 이 옛 사람은 우리가 옛 아담 안에 있는 존재로서 죽음으로써 벗어버려야 하는 것이다. 하나님은 지금 은혜 가운데 우리를 대하신다. 율법은 우리에게 죽음을 요구하고 있지만, 우리는 이제 그리스도와 함께 십자가에 못 박혔고, 우리는 그리스도의 죽음을 통해서 율법이 요구하는 형벌을 치렀다.

새로운 피조물로서 옛 사람을 대하는 방식

이제 나는 육신의 정욕이 새 사람의 갈망을 대적하고 있으며, 또한 그에 대한 유일한 해결책이 죽음인 것을 본다. 나는 나 자신을 죽은 자로, 그리고 하나님을 대하여는 산 자로 여겨야 하며, 그것도 옛 사람 안에 있는 자로서가 아니라 예수 그리스도 안에 있는 자로서 그리해야 한다. 나는 이것을 할례의 예표를 통해서 본다. 만일 나 자신을 그리스도 안에서 죽은 자로 아는 지식이 없는 상태에서, 그저 육신을 제어하고자 노력한다면, 그것은 절망적인 노력에 불과할 것이며, 결코 성공하지 못할 것이다. 내가 발견한 것은, 우선적으로 나 자신이 유죄상태임을 보는 것이다. 지금은 그리스도의 피의 권능을 덧입고 있기에, 과거 유죄 상태로 돌아갈 수 없다. 하지만 그럼에도 여전히 내 안에 있는 육신은 "하나님의 법에 굴복치 아니할 뿐 아니라 할 수도 없다."(롬 8:7) 그래서 하나님은 "죄를 인하여 자기 아들을 죄 있는 육신의 모양으로 보내어 육신에 죄를 정죄"(롬 8:3)하신 것이었다. 하나님은 죄(sin)를 용서하신 것이 아니었다. (내가 지은 죄들(sins)은 하나님의 용서를 필요로 하지만, 내 속에서 여전히 나로 하여금 죄를 짓게끔하는 권세로서의 죄(sin)는 하나님의 용서를 필요로 하지 않는다. 죄(sin)는 용서의 대상이 아니다.) 죄(sin)는 악한 것이었기에, 하나님은 십자가에서 그 죄(sin)를 정죄하셨다. 첫 번째 사안은 나를 유죄상태로 이끌었던 내가 지은 모든 죄들(sins)이 제거되었지만, 나 자신이 거룩한 행실을 소망했을 때, 이 거룩한 삶을 방해하는 것이 내 속에 있음을 발견하는 것이다. 두 번째 사안은, 하나님이 그리스도의 십자가를 통해서 육신에 있는 죄(sin)를 정죄하셨고(롬 8:3), 그 결과 나는 더 이상 육신에 있지 않고 영(the Spirit)에 있게 되었음을 발견하는 것이다(롬 8:9). 이제 육신에 있지 않고 성령 안에 있는 나는, 나로 하여금 다시 죄를 짓게끔 하는 것이 "내가 아니라, 다만 죄일 뿐"이라고 말할 수 있다. "이제는 이것을 행하는 자가 내가 아니요 내 속에 거하는 죄니라."(롬 7:17)

이 모든 것은 옛 사람을 대하는 방식에 관한 것이다. 이는 나의 상태에 필수적인 것이지만, 그렇다고 해서 하나님의 목적은 아니다. 많은 영혼들이 이 사실을 배우지 못하고 있다. 그들은 그저 자신들이 지은 죄들이 용서되었다는 것은 알고 있지만, 자신들이 살았던 이전 옛 상태에 대해서 죽었고, 그리스도께서 육신에 대한 정죄를 담당하셨으며, 그래서 육신에 대해서 자유하게 된 것은 보지 못하고 있다. 그들은 자신 속에 있는 옛 나무가 맺은 열매들은 제거되었지만, 그 열매를 맺었던 나무는 그대로 있다고 생각한다. 이런 사람은 영적 해방의 진리를 알 필요가 있다. 이제 나는 "그리스도 예수 안에 있는 생명의 성령의 법이 죄와 사망의 법에서 나를 해방"시킨 것을 경험적으로 알고 있다. 게다가 나는 "세례로 그리스도와 함께 장사한 바 되고 또 죽은 자들 가운데서 그를 일으키신 하나님의 역사를 믿음으로 말미암아 그 안에서 함께 일으키심을"(골 2:12) 받았다. 여기서 나는 죄(sin)에 대하여 죽는 것을 볼 수 있었다. 물론 여기서 생명, 부활, 새로운 삶도 볼 수 있다. 하지만 그보다는 하나님이 옛 것을 어떻게 다루셨는지, 그리고 나는 그것을 어떻게 대해야 하는지를 볼 수 있다. 나는 옛 것에 대해서 죽었다. "만일 너희 속에 하나님의 영이 거하시면 너희가 육신에 있지 아니하고 영에 있나니" (롬 8:9) 나는 이제 옛 것에 관한 한 온전히 자유롭게 되었다(I am cleared altogether of the old thing).

이제 새 것을 생각해보면, 나는 새로운 방식으로 그것을 볼 수 있다. 에베소서에서, 새 것은 보다 본질적인 측면에서 설명되고 있다. 골로새서에서, 그것은 새롭게 생각하는 방식, 그리고 새로운 감각과 느낌의 측면에서 설명되고 있다. 에베소서에서, 그것은 하나님 자신의 복된 성품, 의(義), 그리고 진리 등 하나님의 본성을 재생산하는 것으로 나타나고 있다. 그리고 우리는 그 안에서 새롭게 지으심을 받았다. 에베소서는 이 새사람을 "하나님을 따라 의와 진리의 거룩함으로 지으심을 받은 새 사람"(엡 4:24)이라고 설명한다. 골로새서는 "새 사람을 입었으니 이는 자기를 창조하신 자의 형상을 좇아 지식에까지 새롭게 하심을 받는 자"(골 3:10)라고 설명한다. 나는 이제 사랑이 무엇인지, 거룩이 무엇인지, 그리고 하나님의 의가 무엇인지를 안다. 이 모든 것은 그리스도의 죽음과 부활에 뿌리를 내리고 있다. 그 결과 이 새 사람이 하나님을 따라 새롭게 창조된 것이다. 나는 에베소서를 통해서 이 모든 것의 실체 속으로 들어왔다. 골로새서를 통해서 나는 그 사실이 강조되는 것을 본다. 그래서 우리는 "지식에까지 새롭게 하심을 받은" 것이다. 바울은 우리 영혼 속에 하나님을 기쁘시게 하는 지식을 넣어주고 있다. 이 새 사람은 모든 원리와 본성에서 하나님과 연합을 이루고 있고, 그리스도 안에 있는 우리 속에 있는 옛 사람에 대해서 죽었다. 새 사람은 믿음에 의해서 이 사실을 실제화하는 사람이다.

새로운 피조물이 시작되는 지점

이제 또 다른 것이 있다. 나는 죄들 가운데 죽어 있던 존재였으며, 하나님에게서 떠나 있던 상태에 있었다. 이러한 상태에 있었던 사람은 하나님과 아무 관계가 없었고, 하나님의 마음에 온전한 만족을 주었던 사람, 즉 주 예수 그리스도께서 오셨을 때,

사람은 그분을 전혀 영접할 뜻이 없었다. 하지만 이제 우리는 전혀 다른 토대 속으로 들어왔다. 그리스도께서 우리 죄들을 위해 죽으셨을 때, 하나님은 그리스도를 살리셨고, 자신의 우편에 그리스도를 앉게 하셨다. 그 결과 나 자신을 내가 지은 죄들 가운데 죽었던 자로 보게 하셨고, 그리스도와 함께 일으킴을 받았으며 또한 그리스도 안에서 함께 하늘 처소에 앉아 있는 자로 보게 하셨다. 내가 하나님에게서 멀리 떠나 있었을 때, 내가 나의 죄들 가운데 죽어있는 상태에 있었을 때, 나는 이 은혜를 입었다. 그리스도는 십자가에 달리셨고, 나를 위해서 죽으셨다. 이제 나는 그리스도를 내 영혼을 살리시는 분(the quickening One)으로서가 아니라, 이미 나를 살리신 분(the quickened One)으로서 믿고 있다. 바로 이것이 새로운 피조물이 시작되는 지점이다. 나는 은혜를 인해서, 내가 그리스도와 함께 죽었고, 그리스도와 함께 살리심을 받았다는 것을 배웠다. 나는 전혀 새로운 기반 위에 서 있게 되었다. 나는 전적으로 죽어 있었고, 하나님을 향해 나의 마음은 전혀 미동(微動)조차 하지 못했으며, 하나님을 위해서 무슨 일을 하고자 해도 전혀 움직일 수가 없었다. 그래서 주님은 "저희가 나와 및 내 아버지를 보았고 또 미워하였도다"(요 15:24)라고 말씀하셨다. 이제 나는 그리스도께서 나를 위해서 죽으셨다는 것을 알고 있다. 만일 그렇지 않았다면 나는 영적으로 죽어있는 상태에서 벗어날 수 없었을 것이다. 그뿐만 아니라 나는 그리스도와 함께 살리심을 받았다. 그리스도는 이제 내가 소유하고 있는 유일한 생명이시다. 옛 사람은 이 모든 일에 대해서 이미 죽어있었다. 그리스도는 내가 죽어서 누어있는 상태에까지 내려오셨고, 나를 영적으로 그 상태에서 일으키셨다. 아직 나의 몸에 일어난 일은 아니지만, 주님은 나를 그 상태에서 건져주셨고, 나를 주님이 들어가신 천상세계에 넣어주셨다. 하나님은 나를 그리스도 안으로(into Christ) 넣어주셨다. 우리는 그리스도 예수 안에서 새롭게 창조되었다. 그래서 성경은 "누구든지 그리스도 안에 있으면 새로운 피조물이라 이전 것은 지나갔으니 보라 새 것이 되었도다"(고후 5:17)라고 말한다. 바로 거기서 바울은 총체적으로 새롭게 창조된 세계를 보았다. 새로운 창조가 일어난 것이다. 우리는 새로운 피조물이다. 내 마음 속에서 정욕이 일어나고, 만일 그것을 제어하지 않는다면, 과연 그것은 하나님에게서 나오는 것일까? 결코 그럴 수 없다. 우리의 몸은 아직 새로운 피조물의 상태에 있지 않다. 다만 그리스도 안에서 새로운 피조물이 된 것이다. 이처럼 하나님의 새로운 창조로 인해서, 하나님은 나를 그분 자신의 본성에 참여시키신다. 나는 죄들 가운데 죽어있었지만, 이제 나는 이 새로운 창조를 소유한 자가 되었고, 옛 사람이 아니라 둘째 사람이 나의 생명이다. 그렇다면 옛 사람은 어디에 속하는가? 이처럼 가련하고, 죄악되고, 타락한 세상에 속해 있다. 물론 훌륭한 점도 없지 않아 있긴 하지만, 세상 돌아가는 모든 것은 세속의 원리와 세상의 초등 학문에 기초하고 있다. 나는 세상을 내 삶의 원리로 삼을 수는 없지만, "솔개도 알지 못하고 매의 눈도 보지 못하는"(욥 28:7) 거룩의 길을 따라 가고 있다. 그리스도 예수의 사람들을 위하여, 그리스도께서는 앞서 길을 가심으로써 따라올 발자취를 남기셨다. 왜냐하면 새 사람은 세상에 속하지 않기 때문이다.

옛 사람에 속해 있었을 때, 나는 하나님에게서 멀리 떠나 있었다. 우리는 정녕 그 사실을 알고 있는가? 그렇다면 세상에서 가장 존경을 받고, 품위 있는 사람을 뽑아보라. 그에게 그리스도의 것들을 보여주면 과연 무슨 일이 일어날까? 그는 아무 관심도 보이지 않을 것이다. 그는 온아하고, 지적이고, 점잖은 사람이긴 해도 그 마음에 그리스도에게 속한 것이라곤 아무 것도 없다. 사람의 총체적이고 전반적인 상태는, 바로 그가 죄와 허물로 인해서 죽어 있다는 것이다. 그는 저속하지 않고, 악하지도 않고, 범죄자도 아니지만, 그것이 핵심이 아니다. 그는 영적으로 죽어 있는 사람이다. 만일 당신이 죽은 사람을 보았다면, 그에게 무슨 움직임이 있거나, 심지어 무슨 생각을 하고 있다고 보는가? 결코 그럴 수 없다! 당신은 그에게 전기 충격요법을 쓰는 등 순간적으로나마 움직이게 하고 싶을지도 모른다. 그런 식으로 영혼에게 기독교에 대해서 일시적인 관심을 갖게 하고자 애를 써보지만 그것은 그리 오래가지 않는다. 사람은 죽어있기 때문이다.

새로운 피조물이 되는 것이 진정한 기독교이다

그리스도는 사망에 매여 있을 수 없으셨다. 왜냐하면 그분 속에 생명이 있었기 때문이다. 하지만 그리스도는 사망 속으로 들어가셨고, 하나님이 그리스도를 살리셨을 때 하나님은 자신의 우편 자리에게까지 그리스도를 높이셨다. 우리는 여기서 그리스도께서 죽어 있던 분으로 소개되고 있는 것을 볼 수 있다. 나는 하나님 앞에서 전적으로 죽은 사람이었지만, 이제는 그리스도 예수 안에서 새로운 피조물이 되었고, "선한 일을 위하여" 새롭게 지으심을 받았다. 우리는 전적으로 새로운 존재가 되었다. 그렇다면 우리는 첫째 아담이 아니라 둘째 아담 안에 있는 존재가 된 것이다. 나는 하나님의 새로운 창조에 속한 사람 속에 들어왔다. 왜냐하면 새 사람이란 새로운 피조물이기 때문이다. 사람이 자기 죄들 가운데 죽어 있었을 때, 하나님은 그를 그리스도 예수 안에서 새롭게 지으셨다. "아버지께서 죽은 자들을 일으켜 살리심같이"(요 5:21) 나는 죽은 자이며, 하나님 앞에서 항상 죽은 자로 나타날 수밖에 없다. 이 사실을 제대로 알고 또 하나님이 나를 새로운 피조물이 되게 해주셨다는 진실을 인지(認知)하기 전까지는, 그리스도 안에서 나의 위치(position)가 무엇인지에 대해서 결코 알지 못할 것이다. 새로운 피조물이 되는 것, 이것이 진정한 기독교이다. 아, 많은 사람들이 새로운 피조물이 되는 것이 무엇인지 모르고 있다! 그들은 다만 자신들의 죄가 용서되었다는 것만을 알 뿐이고, 자신들이 그리스도와 함께 죽었고 함께 살아났으며, 자신들이 전적으로 다른 세상으로 일으킴을 받았다는 것을 모르고 있다. 하나님은 자신의 소유된 사람들로 이루어진 새로운 세상을 가지고 계신다. 이 부분은 아직 우리 눈 앞에 펼쳐져 있지 않다. 그리스도께서 이 세상에 홀로 계셨던 것처럼, 지금은 자기 아버지의 영광의 보좌에 홀로 앉아 계신다. 하지만 이 새로운 피조물은 그리스도께서 앉아 계신 그곳을 자신의 영역으로 삼고 있으며, 그리스도께서 친히 이 세상을 통과하시면서 남기신 발자취를 자신의 길로 삼고 있다. 신령한 마음이 아니라면, 이 세상에 남겨진 그리스도의 길을 결코 볼 수 없을 것이다.

이 새 사람은 하나님을 따라서(after God) 창조되었다. 아, 이 얼마나 복된 생각인가! 하나님은 내가 지금 소유하고 있는 생명을, 하나님 자신을 만족시키려는 목적에서 창조하셨다. 이 생명은 하나님이 모든 것이 되시는 생명이다. 첫 번째 사람은 돌이켜 죄에 빠졌고, 사탄의 말에 귀를 기울임으로써 곤고한 상태에 떨어졌다. 하지만 새 사람은, 세상이 존재한 이래로, 하나님의 마음 속에서 유일한 목적으로 삼고 있었던 존재였다. 그 영역은 "그리스도께서 하나님 우편에 앉아 계시는"(골 3:1) 자리이다. 나는 이 부분을 확대할 생각이 없다. 그렇게 노력한다 해도 잘해낼 것 같지 않기 때문이다. 하지만 분명 "눈으로 보지 못하고 귀로도 듣지 못하고 사람의 마음으로도 생각지"(고전 2:9) 못했던 것이 있다. 그것은 하늘에 있는 것이며, 우리가 새롭게 속하게 된 전혀 새로운 영역인 것이다. 우리는 여기 이 세상을 통과하도록 남겨졌다. 그래서 주님은 "내가 비옵는 것은 저희를 세상에서 데려가시기를 위함이 아니요 오직 악에 빠지지 않게 보전하시기를 위함이니이다"(요 17:15)라고 말씀하셨다. 그럼에도 이 세상은 주님이 우리를 위하여 예비하시는 처소(place)는 아니다. 주님은 우리를 위해 하늘에 처소를 예비하기 위하여 가셨고, 우리는 그리스도 안에서 새로운 피조물이 되었다. 다시 말해서 새로운 피조물이란 새 사람을 가리킨다. 우리는 그리스도 예수 안에서 새롭게 지으심을 받았다(엡 2:10). 우리는 더 이상 첫째 아담 안에 있지 않다. 이 사실은 첫째 아담과 대조를 이룬다. 찬송을 받으실 하나님의 아들께서 죽으시려는 목적을 가지고 사람이 되셨다. 그래서 그분은 우리의 죽음과 죄들 속으로 들어오셨고, 우리에게 내려진 심판을 십자가에서 대신 받으셨다. 이제 그리스도는 하나님의 우편에까지 높임을 받으셨고, 이 새로운 창조의 시작과 머리가 되셨다. 요한계시록에서 라오디게아 교회에 보낸 편지에 보면, 그리스도는 "하나님의 창조의 시작"이신 분으로 불린다. 이 세상, 곧 옛 창조에 속한 세상은 모든 것이 황폐화되었고, 망가졌다. 그리스도는 세상을 통과하셨고, 새로운 창조의 머리로 높임을 받으셨다. 새로운 창조의 시작으로서 그리스도께서 우리의 생명이시다. 우리는 새로운 피조물이다. 신자의 몸은 옛 창조에 속해 있지만, 신자의 영은 새 창조에 속해 있다. 신자는 그리스도 예수 안에서 새롭게 창조되었고, 전혀 다른 세상에 속해 있다. 우리가 날마다 겪는 시련은, 우리가 새로운 창조 가운데 살면서 동시에 옛 창조 가운데 살기 때문에 일어나는 현상이다. 따라서 우리는 "하나님을 따라 의와 진리의 거룩함으로 지으심을 받은 새 사람을" (엡 4:24) 입을 필요가 있다.

새로운 피조물은 어디서 만족을 얻는가

새로운 피조물은 어디서 만족을 얻는가? "하나님의 모든 충만하신 것으로" (엡 3:19) 충만하게 되는 곳에서만 만족을 얻을 수 있다. 그 욕구를 만족시킬 수 있는 모든 것은 그리스도 안에서 우리에게 계시되었고, 성령님께서 이 모든 것들을 가지고 우리에게 내려오셨다. 모든 그리스도인이 이처럼 새로운 본성을 가지고 있다. 이러한 새로운 본성이 없다면 그리스도인일 수 없다. 우리 각 사람은 옛 사람, 우리 마음의 정욕과 악을 능히 이길 수 있을 뿐만 아니라, 반드시 그리해야만 한다. 뿐만 아니라 우리는 점차 영적인 승격 가운데서 삶을 살게 된다. 바르 이것이 이 새로운 피조물의 영역이다. 우리는 매일 삶 속에서 우리를 세상으로 끌어내리고 또 우리 마음을 어지럽게 하는 것들에게 거리를 두어야 한다. 우리 마음은 이제 위엣 것을 추구할 필요가 있다. 거기에는 그리스도께서 앉아 계신다. 그리스도께서 당하신 끔찍스러운 죽음에 의해서, 하나님은 우리가 처해 있었던 사망상태에서 우리를 일으키셨다. 과연 우리는 그리스도께서 우리로 들어가게 하신 상태에 얼마나 합당하게 살고 있는가? 분명 나로 하여금 그 상태에 들어가지 못하게 하고, 우리를 대적하는 다양한 사탄의 능력과 역사가 있다. 하지만 죄에 대하여 죽은 우리를, 하나님은 그리스도 예수 안에서 새롭게 지으셨고, 그 결과 우리는 새로운 자리(place), 새로운 분깃을 얻은 자 되었다. 그 자리는 그리스도께서 사람으로서 들어가신 자리이다. 그리스도는 성경을 통해서 그 자리가 무엇인지를 우리에게 알게 해주신다. 우리는 생명을 소유하고 있는데, 우리는 이 생명에 관한 한 새로운 피조물이다. 우리는 과연 이 생명이 속해 있는 영역과 상태 속에서 얼마나 합당하게 살고 있는가? 하나님이 그리스도 안에서 우리를 자신의 영광을 위하여 새로 지으셨다는 것은 생각만으로도 얼마나 가슴 벅찬 일인지 모른다. 그리스도는 우리 영혼을 그곳을 향하게 하시고, 또 그곳으로 이끄시는 강력한 능력이시다. 그렇다면 이 가련한 세상은 우리에게 무슨 의미가 있을까? 이제 막 회심한 사람은 이 세상에 대한 생각이 조금도 없을 것이다. 그 상태가 항상 우리의 영적 상태가 되어야 한다.

주님이 우리를 그리스도와 함께 살리셨고 우리의 모든 죄를 사하심으로써 그리스도와 함께 일으키심을 받은 자로서, 이제 우리에게, 그리스도 안에 있는 자로서 우리에게 주어진 복이 무엇인지 더욱 알게 해주시고, 새로운 피조물로서 우리가 속한 영역에 합당하게 사는 것이 무엇인지 더욱 체험하게 해주시길 바란다.

"우리 곧 성령의 처음 익은 열매를 받은 우리까지도
속으로 탄식하여 양자될 것
곧 우리 몸의 구속을 기다리느니라" (롬 8:23)

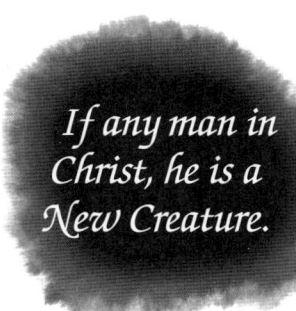

제 7장 새로운 피조물이 된 사람의 탄식
by 존 넬슨 다비

하나님의 임재가 주는 영혼의 안식

186

"우리가 법 아래에 있지 아니하고 은혜 아래에 있다"(롬 6:15)는 사실을 여전히 의식하면서, 우리 마음이 계속해서 은혜의 감각 가운데 거하는 일만큼 어려운 일은 없다. 이렇게 우리 마음이 확정되는 것은 오로지 은혜를 통해서만 가능하다. 그럼에도 실제적으로 은혜의 충족성을 이해하는 일보다 더 어려운 일은 없다. 우리는 하나님의 은혜 안에 들어감을 얻었고, 그 능력 가운데 행하고, 그 은혜를 의식하고 있으면서도 말이다.

우리가 은혜를 알 수 있는 것은 하나님의 임재 속에서만 가능하다. 하나님의 임재 가운데 머물 수 있는 것이야말로 우리의 특권이다. 우리가 하나님의 임재를 떠나는 순간, 항상 우리 속에서 작용하고 있던 우리의 생각이 돌출되어 나타날 것이다. 그렇다면 이러한 우리 자신의 생각은 우리를 향한 하나님의 생각에 이를 수 없게 할 뿐만 아니라 하나님의 은혜에도 이르지 못하게 하는 것으로 작용하게 된다.

우리가 은혜의 위대한 기초, 즉 하나님의 선물인 예수님에게 뿌리를 내리기 전까지는, 우리 자신에게서 은혜에 대한 무슨 합당한 결론을 이끌어내는 것은 불가능하다. 우리 자신의 지적인 작용을 통해서 하나님의 은혜에 이르는 것은 가능하지 않다. 그 이유는 매우 단순하다. 은혜는 하나님에게서 직접적으로 흘러나오는 것이기 때문이다. 나에게 은혜를 기대할만한 무슨 권리가 있다고 할 것 같으면, 지극히 작은 정도라도, 그것은 순전한 은혜일 수가 없다. 그러한 것은 하나님의 은혜일 수가 없다.

설사 우리가 "주의 인자하심을 맛보았을지라도," 우리가 하나님의 임재를 떠나게 되면, 자연스럽게 우리 자신의 생각이 발동될 것이다. 그렇게 되는 순간, 우리가 몰입하는 것이 죄이건, 은혜이건, 그 무엇일지라도, 우리는 은혜의 감각을 잃게 되고, 더 이상 은혜를 생각하지 않게 된다.

이렇게 하나님의 임재를 벗어나는 것은 성도로서 우리 자신이 가진 모든 영적 힘을 빼앗기고, 모든 연약함과 무기력함에 빠져드는 근본적인 이유이다. 왜냐하면 우리는 하나님이 주시는 힘을 통해서만 영적인 일을 할 수 있기 때문이다. "만일 하나님이 우리를 위하시면 누가 우리를 대적하리요?"(롬 3:31) 우리와 함께 하시는 하나님의 임재를 느끼며, 실제로 경험하고 누림으로써 맛보는 임재 의식은 우리를 넉넉히 이기는 자들이 되게 해준다. 우리 자신에 대한 우리의 생각이 어떠하든지, 우리를 둘러싸고 있는 환경이 어떠하든지, 모든 일이 쉽게 풀리는 것을 경험하게 된다. 하지만 이런 일은, 하나님과의 교통 속에 있을 때에만 가능하다. 이제 우리는 은혜를 따라서 모든 것을 헤아려볼 수 있어야 한다.

우리 자신에 대한 우리의 생각은 어떠한가? 하나님의 임재 속에 있을 때, 우리는 하나님의 은혜 가운데 안식하게 되고, 그 누구도, 그 무엇도 우리를 흔들 수 없다는 든든한 마음을 가지게 된다. "누가 능히 하나님께서 택하신 자들을 고발하리요?", "누가 정죄하리요?", "누가 우리를 그리스도의 사랑에서 끊으리요?" 그럼에도 우리가 하나님의 임재를 떠나는 순간, 하나님과의 교통 속에 있을 때처럼 우리는 더 이상 하나님의 은혜 가운데서 안식할 수 없게 된다.

187
이 말이 우리는 주변 상황에 대해선 신경을 쓰지 않게 된다는

제 7장 새로운 피조물이 된 사람의 탄식

뜻일까? 그리스도인은 주변에서 일어나는 일 속에서 악과 비참과 황폐화되는 것을 느낄 때, 슬픔의 영을 느끼며 우리 영혼은 탄식에 빠질 수 밖에 없다. 그래서 예수님처럼, "심령에 비통히 여기고 괴로움을 느끼게 된다."(요 11:33) 하지만 우리가 하나님의 임재를 의식하는 가운데 그 임재 속에 거할 때에는, 계속해서 탄식 상태에 머무는 일은 불가능하다. 심지어 교회의 영적 하락의 상태조차도 우리를 흔들 수 없다. 이는 우리가 하나님을 의지하고 있기에, 우리에게 일어나는 모든 일이 하나님의 은혜가 작용하는 영역, 하나님의 은혜가 나타나는 장면이 될 것이기 때문이다.

육신의 본성은 하나님의 은혜를 의지하지 않는다. 죄를 못 본 채 해줄 하나님의 자비를 기대하고 바라보는 일은 있어도, 그 뿐이다. 왜냐하면 인간의 본성은 하나님이 죄에 대해 무관심해주시기를 바랄뿐만 아니라, 심한 경우에는 하나님 조차도 나의 죄를 심판하실 권리가 없다는 식으로 상상하길 좋아하기 때문이다. 우리 영혼이 은혜를 제대로 이해하게 되면, 그 반대의 생각이 들어온다. 죄가 얼마나 가공할만한 악인지를, 하나님 편에서 생각하게 된다. 죄에 대한 하나님의 평가를 배우게 되면, 우리는 그 죄를 뿌리 채 제거할 수 있는 하나님의 은혜에 대한 경이감으로 가득해진다. 자기 아들을 우리 죄 때문에 죽음에 내어주신 것, 바로 그것이 하나님의 은혜였다. 거듭난 일이 없는 자연인이 자비에 대해서 이해하는 것은 이와 같지 않다. 거듭난 일이 없는 사람이 이해하는 자비는 하나님이 예수님의 피를 흘리게 하심으로써 우리가 지은 죄들을 씻으시는 것이 아니라, 그저 죄에 대해서 못 본 척 하는 것이다. 하지만 이런 식의 자비는 결코 은혜가 아니다.

양심이 각성되었을 때, 자신의 책임에 대한 생각이 일어난다. 은혜에 대한 이해가 없다면, 우선적으로 구하는 것은 자신을 율법 아래 두는 것이다. 다른 것을 할 수가 없다. 자연인은 이렇게 할 수밖에 없다. 그는 율법에 순종하는 것 외엔 달리 하나님을 기쁘시게 하는 방법을 알지 못한다. 하나님과 자신에 대한 무지 때문에, 그는 자신이 율법을 지킬 수 있다고 생각한다.

은혜에 대해서 매우 단순한 생각을 가짐으로써, 그리스도인은 힘을 얻는다. 그렇게 은혜에 대한 단순한 생각이야말로 그리스도인으로서 힘을 얻는 참된 원리이다. 하나님의 임재 안에서 은혜의 감각을 키우는 것은 성결, 평안, 그리고 고요한 심령을 얻을 수 있는 비결이다. 우리 영혼의 평안을 방해할 수 있는 것이 두 가지 있다. 이 두 가지는 흔히 혼동을 주기도 하고, 함께 나타나기도 함으로써 성도들의 마음에 어려움을 일으킨다. 첫 번째, 열납(acceptance)과 구원(salvation)에 대한 바른 분별이 없다면, 양심이 괴롭힘을 받는 상태에 빠져든다. 두 번째, 사도 바울이 로마서 8장 23절에서 언급한 것과 유사한 영혼의 탄식이 일어난다. 왜냐하면 우리를 둘러싼 환경이 우리에게 괴로움을 주고 또 우리에게 시련을 가하기 때문이다. 그럼에도 이 두 가지는 별개이다. 영혼의 괴로움과 고통은, 성도가 이 세상을 사는 동안 얼마든지 일어날 수 있고 또 끊임없이 일어나기 때문이다. 우리를 둘러싸고 있는 환경이 우리를 대적하고 또 진정 자신의 죄가 용서되었는지에 대한 확신이 없으면, 양심은 우리를 괴롭힌다.

은혜를 아는 지식

188

양심의 고통이 있는 곳에는 그 마음의 중심에 하나님의 사랑이 아니라 자아가 있다. 하지만 고통이 우리를 둘러싼 상황 때문에 온 것이라면, 상황은 그 반대이다. 주 예수님의 영혼이 느끼셨던 고통은 얼마나 깊은 것이었는가! 하지만 그것은 하나님의 은혜가 무엇인지를 아는 완전한 감각에서 흘러나오고 또 사랑에서 흘러나오는 것이었다. 은혜가 충만할 때, 즉 은혜를 단순하게 인식할 때, 우리는 우리를 위하시는 하나님을 생각함으로 영혼의 안식을 얻게 되고, 또 하나님이 사랑이신 것을 알고 확신하게 된다. 그렇다면 나의 영혼을 불안하게 만든 것은 이 두 가지 사실에 대한 몰이해였던 것이다. 만일 은혜가 무엇인지를 이해하지 못했다면, 우리는 쉽게 이 두 가지 사실을 의심하는데 빠지게 된다.

 만일 내가 하나님에게 받아들여진 존재인지, 즉 열납 문제에 대해서 우리 안에 양심의 불안이 있다면, 우리가 은혜 안에 굳건하게 서는 것은 전적으로 불가능하다는 사실을 확신해도 좋다. 은혜 가운데 굳건하게 서있는 사람에게도 죄의 감각이 있는 것은 사실이지만, 열납 문제로 양심의 고통을 당하는 것은 전혀 별개의 사안이다. 평안을 누리지 못하는 것은 이 두 가지 가운데 어느 한쪽에 문제가 있기 때문에 일어난다. 은혜를 전적으로 신뢰하지 못하거나, 부주의함으로 은혜의 감각을 잃어버리거나, 어느 쪽이든 쉽게 일어난다. 하나님의 은혜는 참으로 무한하고, 참으로 충만하고, 참으로 완전하다. 그렇지만 우리가 하나님의 임재를 떠나는 순간, 우리는 은혜에 대한 감각과 의식을 상실하게 되며, 은혜를 붙잡을 수 있는 힘이 없어지게 된다. 하나님의 임재에서 벗어난 상태에서 은혜를 다시 붙잡고자 시도할지라도, 우리는 그저 다시금 방탕함에 빠져들 뿐이다.

 만일 우리가 은혜가 무엇인가에 대한 단순한 사실에 집중하게 되면, 은혜는 한계가 없고 제한이 없음을 보게 된다. 우리의 모습이 어떠할지라도, (더 이상 나빠질 수 없는 상태에 있을지라도) 이 모든 일에도 불구하고, 우리를 향한 하나님은 사랑이시다! 우리의 기쁨과 우리의 평안은 결코 우리가 하나님을 위해서 무엇을 하고 있는가에 달려 있지 않고, 다만 하나님이 우리에게 무엇을 하고 계시는가에 달려 있다. 이것이 은혜이다.

은혜는 우리 속에 있는 죄와 악을 전제로 하고 있다. 그럼에도 은혜는 예수님을 통해서 이 모든 죄와 악을 제거했다는 사실에 대한 복된 계시이다. 단 하나의 죄는 수천 가지 죄들과 (이 세상에 있는 모든 죄들과) 마찬가지로 하나님께 혐오스러운 것이다. 따라서 이제 하나님의 사랑을 받는 자녀로서 우리가 누구인가에 대한 충분한 인식과 더불어 하나님이 우리를 위하시는 모든 것이 사랑인 것을 알 필요가 있다! 내 속에 있는 악은 어느 정도로 악한 것인지를 측량해보는 것은 헛된 일이다. 사람은 (흔히 말해서) 큰 죄인일수도 있고 아니면 작은 죄인일수도 있다. 이것이 문제가 되지 않는다. 은혜는 우리가 누구인가에 달린 것이 아니라 하나님이 어떤 분이신가에 달린 것이다. 다만 우리가 지은 죄들의 크기는 하나님의 은혜의 크기를 확장시킬 뿐이다. 동시에 우리는 이러한 은혜의 목적과 그 필수적인 효력이 우리 영혼을 하나님과의 교통 속으로 이끌어주고, 우리를 거룩하게 해줄 뿐만 아니라 우리 영혼으로 하나님을 알게 해주고 하나님을 사랑하게 해준다는 사실을 기억할 필요가 있다. 그러므로 은혜를 아는 지식이야말로 성화의 원천인 것이다.

그리스도와 연합을 이룬 사람의 슬픔과 탄식

189

만일 은혜가, 하나님이 나에게 어떤 분이신가에 대한 것이라면, 은혜는 내가 어떤 사람인가와는 아무 상관이 없으며, 내가 나 자신에 대해서, 하나님이 내가 지은 죄들 때문에 나를 심판하실 거라고 생각하는 순간, 그것은 내가 은혜 가운데 서있지 않다고 하는 반증인 것이다. 자연스럽게 우리 마음은 이러한 생각들로 가득하게 된다. 사실 이런 생각은 영혼이 살리심을 받은 사람에게서 나타나는 현상이기도 하다. 왜냐하면 양심이 일깨움을 받았기 때문에 이제 하나님이 (자신에 대해서) 무엇을 생각하시는지에 대해 생각하기 시작했기 때문이다. 그럼에도 이것은 은혜가 아니다. 자신의 영혼에 대한 하나님의 심판을 걱정하는 데로 다시 돌아가고, 하나님이 자신을 어떻게 다루실 것인가를 염려하는 영혼은 하나님을 제대로 알고 있지 않으며, 하나님의 어떠하심을 의지하고 있지도 않다. 이것은 아직 은혜 안에 들어간 것이 아니다.

나는 앞서 서로 구분되지만, 그럼에도 성도들의 마음속에 자주 혼동을 일으키는 것이 두 가지 있다고 말했다. 그 두 가지는 나쁜 양심과 자신을 둘러싸고 있는 나쁜 환경 때문에 신령한 사람이 속에서 일어나는 영혼의 탄식이다. 우리가 은혜의 감각을 잃어버리는 순간, 우리는 이 두 가지를 혼동하는 위험에 빠지게 된다. 예를 들어보자. 성도로서 나는 나를 둘러싸고 있는 악한 세력들의 기운을 감지하며, 그 때문에 영혼의 탄식을 하게 되며, (이에 대해 경계하지 않는다면) 조만간 이 두 가지는 서로 혼합되어 양심의 고통을 일으킨다. 나는 하나님의 사랑에 대한 감각을 상실하게 되고 나 자신을 율법 아래 두게 된다. 하지만 성도는 사랑의 의식을 전혀 잃어버리지 않고도 영혼의 탄식에 빠질 수가 있다. 어쩌면 사랑을 가지고 있다는 이유 때문에 더욱 그럴 수가 있다.

주 예수님께서 나사로의 죽음을 보고서 심령에 통분히 여기시고, 무덤 앞에서 눈물을 흘리셨을 때, 주님이 느끼신 극도의 슬픔은 죄가 세상에 들어와 일으킨 것에 대한 것이었지만, 그럼에도 아버지 하나님의 사랑에는 아무 영향을 미치지 않았다. 우리는 이와 동시에 주님이 "아버지여 내 말을 들으신 것을 감사하나이다 항상 내 말을 들으시는 줄을 내가 알았나이다"(요 11:41,42)라는 말을 사용하심으로써 사랑에 대한 완전한 확신을 표현하신 것을 볼 수 있다. 따라서 그리스도인은 슬픔에 겨워하며 통분한 심령으로 가득할 수도 있지만, 그 슬픔 때문에 마치 하나님이 더 이상 사랑이 아닌 것처럼 여기거나 혹은 하나님의 은혜에 대한 감각을 잃어서는 안된다. 악을 영적으로 감각하면서, 여전히 다른 사람을 사랑하는 것은 우리 속에서 많은 슬픔을 일으킬 수 있다. 우리가 느끼는 것보다 주님은 더욱 이러한 슬픔을 느끼셨다. 왜냐하면 주님의 마음 속에 있는 사랑의 능력은 다른 사람들의 마음을 눌렀던 그 끔찍한 악의 무게를 더욱 강렬하게 감각하도록 했기 때문이다. 주님은 자신이 아버지의 임재의 복됨과 사랑을 알고 있는 것에 비례해서 자신을 둘러싸고 있는 참혹한 것들을 느끼셨다.

로마서 8장의 영혼의 탄식

190

로마서 8장을 보면 우리는 "고난"과 "탄식"을 볼 수 있다. 바울은 자기 속에 있는 연약함을 느끼며, 고통과 시련 때문에 탄식했다. 그럼에도 이 일은 하나님 은혜의 확실성에 대한 의심을 일으키지 않았다. 오히려 그 반대다. 우리가 성령께서 우리 속에 내주하심을 더욱 인식할수록, 우리는 더욱 탄식하게 될 것이다. 우리가 받은 복을 더욱 확신할수록, 우리는 더욱 은혜를 느낄 것이다. 우리가 하나님의 사랑을 더욱 알수록, 그리고 그 사랑의 효력을 더욱 경험할수록, 우리를 둘러싸고 있는 모든 것 때문에 우리는 더욱 탄식하게 될 것이다. 그럼에도 이 모든 것들은 우리를 향한 하나님의 호의를 가리는 검은 구름일수는 없다.

바울은 영으로 탄식하는 것에 대해서 말했다. 왜 그런가? 바울은 자신이 들어간 은혜의 결국을 알고 있었기 때문이다. 믿음의 능력을 통해서 자신의 것이 된 복을 의식하게 된 바울은 그 복 때문에 자기 영혼 속에서 탄식하게 되었다. 그렇다고 해서 자신의 구원에 대해서 조금의 의심이 있었던 것은 아니다. 바울은 자신을 향한 하나님의 호의와 그에 대한 충만함과 자유에 대한 모든 불확실성에서 해방되었다. 이 모든 복을 의식하고 있던 바울은 "속으로 탄식하면서 양자 될 것 곧 우리 몸의 구속을"(롬 8:23) 기다리고 있었다.

로마서 7장의 영혼의 탄식

로마서 7장의 마지막 부분은 상당히 다른 종류의 탄식을 묘사하고 있다. 앞서 언급했듯이, 이 두 가지 탄식은 종종 서로 혼합되어 나타나기도 한다. 왜냐하면 죄가 여전히 우리 속에 (우리 육체 속에) 내주하고 있기 때문이다. 은혜 가운데 견고하게 세움을 받지 않은 사람은 이 둘 사이의 차이점을 구분하지 못한다. 로마서 7장의 구절구절들은 사람들이 경험이라고 부르는 것으로 가득하다. 하지만 로마서 7장은 온전한 그리스도인이 경험하는 것에 대한 것이 아니라, 거듭났지만 여전히 자신의 생각과 자아로 가득한 사람이 경험하는 것에 대한 것이다. 따라서 묘사되어 있는 상태를 보면, 이는 거듭났지만, 여전히 자기 중심적으로 생각하는 사람의 경험인 것이다. 그래서 로마서 7장을 읽어보면,

얼마나 많은 "내가" 혹은 "나를"이란 표현을 볼 수 있는지 모른다. 로마서 7장 전체는 "나"로 가득하다.

  14절에서 언급되어 있는 표현의 차이점을 주목해보자. "우리가 율법은 신령한 줄 알거니와" 그렇다. 모든 그리스도인이 그것을 알고 있다. 그리고 나서 과연 바울은 "우리는 육신에 속하여 죄 아래에 팔렸도다."라고 말했는가? 과연 그런가? 결코 그렇지 않다. 성경은 "나는 육신에 속하여 죄 아래에 팔렸도다."라고 말한다. 그는 즉시 자아와 심판으로 돌아간다. 영혼의 살리심을 받았지만, 그는 자신의 경험상 율법 아래 있는 자처럼 여기면서, 자신이 과연 하나님 앞에 열납 받은 자인지, 하나님이 자신에 대해서 심판하시는 것은 아닌지 염려하기 시작한다. 양심상 그는 "오호라 나는 곤고한 사람이로다 이 사망의 몸에서 누가 나를 건져내랴?"(롬 7:24)고 외치고 있다. 이것은 우리에게도 일어날 수 있다. 우리 자신을 의식하기 시작하면, 우리도 "오호라 나는 곤고한 사람이로다!"라고 신음할 수밖에 없다. 나는 무엇을 해야 하는가? 나는 죄를 미워하고, 하나님을 기쁘시게 해드리고 싶어 하며, 율법이 좋은 것임을 고백한다. 하지만 내가 그렇게 하면 할수록, 나에게는 더욱 나쁜 상황만 거듭된다. 나는 얼마나 비참한 사람인가!

191

로마서 7장 상태에 빠져있는 사람의 영혼을 위로해줄 은혜의 말씀이 있을까? 없다. 전혀 없다. 그가 마침내 그리스도 안에 들어오고 나서야, 그는 하나님께 감사할 수 있다. "우리 주 예수 그리스도로 말미암아 하나님께 감사하리로다." (롬 7:25) 로마서 7장은 엄청난 진리를 소개하고 있을 뿐만 아니라, 그의 상태가 어떠하든지, 그가 얼마나 나쁜 상태에 있든지, 하나님은 사랑이시며, 오직 사랑만이 자신을 향하고 있다는 단순한 사실을 설명해주고 있다. 하나님을 바라보는 대신, 오로지 자신에게만 집중하고 있는 것이 문제이다. 그래서 로마서 7장은 "내가, 내가, 내가"로 가득한 것이다. 15절에서는 여섯 번씩이나 자신과 자신의 생각에 대해서 언급하고 있는 것을 볼 수 있다. 이 모든 것들이 영적인 모습이긴 하지만, 그럼에도 여전히 "내가 원하는 것은 행하지 아니하고 도리어 미워하는 것을 행하며," (15절) "내가 원하는 바 선은 행하지 아니하고 도리어 원하지 아니하는 바 악을 행하는" (19절) 상태에서 벗어나지 못하고 있다.

이 모든 것은 우리로 하여금 우리 자신 속에는 전적인 무력감만 있다는 것을 확증하는데 매우 유익한 경험이다. 그럼에도 모든 것이 바른 자리에 있을 필요가 있다. 즉 이것은 전혀 온전한 그리스도인의 경험은 아니라는 사실을 늘 기억하고 있어야 한다. 다시 말해서 로마서 7장은 "우리가 아직 연약한 때에 기약대로 그리스도께서 경건하지 않은 자를 위하여 죽으셨[다]"(롬 5:6)는 단순한 사실을 경험적으로 알지 못하고 있는, 또 알더라도 충분히 알고 있지 못하고 있는 한 영혼이 느끼고 있는 감정 상태를 설명하고 있기 때문이다. 아니면 육신의 활동으로 인해서 하나님을 바라보는 대신에, 또는 은혜를 바라보는 대신에 다시금 자신을 바라보고, 자신의 실상 때문에 영적으로 좌절한 상태에 있는 사람의 모습을 그리고 있는 것이다.

믿음은 항상 우리 마음속에, 그 바라보는 대상에 합당하게 해주는 많은 효력을 산출한다. 예를 들어 율법을 바라보게 되면, 자연인보다는 분명 영적으로 보일 것이다. 하지만 그와 더불어 육신 속에 내재되어 있는 그 독성도 보게 될 것이며, 더 이상 바라보는 것을 멈추면, 율법이 가진 영적인 특성에 따라서 육신을 정죄하기 시작한다. 그 결과 반드시 우리를 율법의 정죄 아래 끌고 가게 될 것이며, (우리가 느끼는 감정상 그렇다는 것이다) 유죄의식을 느끼고 또 무기력함을 느끼는 상태에 떨어지게 된다. 우리는 이 상태를 미워하고 악에서 벗어나고자 애를 쓰지만, 그것이 전부이다. 결국 우리는 "오호라 나는 곤고한 사람이로다!"라고 부르짖는 상태에 떨어지게 된다. 영적 빛이 늘어갈수록, 비참함만 늘어갈 것이다.

만일 믿음이, 하나님이 자신을 은혜 속에 계시하신 대로 하나님을 바라보게 되면, 그에 따른 판단이 일어나게 된다. 믿음은 결코 열매 산출 여부에 집중하지 않고, 다만 하나님이 자신을 계시하신 것, 즉 은혜 안에서 안식한다. 물론 은혜의 열매들을 기대할 순 있다. 만일 우리 속에 생명이 있다면, 성령의 열매는 나타날 것이다. 예를 들어, 성도는 십자가의 피를 의지해서 누리는 평안을 알고 있다. 그 효과는, 사랑이 흐르게 된다는 것이다. 성도는 자신이 신령한 복으로 부르심을 받았고, "평안의 복음이 준비한 것으로 신을 신고"(엡 6:15) 있음을 느낀다. 자신의 영혼 속에 하나님의 사랑을 마심으로써, 그는 사랑의 강수를 다른 사람들을 향해 흘려보내는 사람이 된다(요 7:38). 이러한 열매들을 맺을지라도, 믿음은 결코 자신의 열매에 신경쓰지 않는다. 믿음은 다만 하나님이 자신을 "모든 은혜의 하나님"으로 알리신 그 계시에 안식할 뿐이다. 이것이 바로 믿음이 머무는 본래의 자리, 곧 가장 합당한 자리인 것이다.

192

자연인의 마음은 항상 열매 그 자체에 주목하는 성향이 있으며, 그리스도인의 경우에도, 항상 열매를 통해서 판단하는 성향이 있다. 이 일은 필연적으로 영혼의 평안 대신 동요를 일으킨다. 우리 영혼을 들여다본다 해도, 죄 외엔 아무 것도 볼 수 없다. 내가 지금까지 맺을 수 있었던 열매에 대해서 생각해보면, 사실은 심판받아 마땅한 불완전함과 섞여 있는 것을 볼 수 있다. (물론 여기서 심판이란 아버지의 판단을 말한다.) 이것은 결코 나에게 평안을 줄 수 없다. 평안은 예수님이 역사하신 것을 통해서만 발견할 수 있다. 즉 참 평안은 "그리스도 예수 안에 있는 은혜"(딤후 2:1) 속에 있다.

그렇다면 로마서 7장의 위치는 무엇인가? 무엇보다 사도 바울은 신자가 "율법에 대하여 죽었다"고 하는 위대한 진리를 세우고 있다. 그리고 나서 바울은 다시 살리심을 받은 영혼 속에 일어나는 작용, 즉 "율법은 신령하지만"(롬 7:14) 자신은 "율법 아래" 있다고 느끼며, 따라서 "오호라 나는 곤고한 사람이로다 이 사망의 몸에서 누가 나를 건져내랴?"고 부르짖을 수밖에 없는 영혼의 상태를 설명하고 있다.

바울은 과연 이 모든 것이 누가 경험하는 것으로 말하는 것일까? 사랑하는 친구들이여, 질문을 해보겠다. 나 자신 혹은 나의 상태가 믿음의 대상인가? 그렇지 않다. 절대 그렇지 않다. 믿음은 결코 나의 마음을 그 대상으로 삼는 것이 아니라, 다만 은혜 가운데 자신을 나타내신 하나님의 계시를 그 대상으로 하고 있다. 만일 우리가 반쪽짜리 구원에만 머문다면, 율법 외에 아무것도 볼 수 없을 것이다. 다만 우리 자신을 정죄하고, 우리에겐 아무 힘도 없다는 사실만을 드러낼 뿐이다. 만일 하나님이 로마서 7장을 통해서 율법과 및 율법과 연관된 경험을 충분히 보여주신다면, 우리 자신의 실제적인 상태를 보게 될 것이고, 그렇다면 그것은 은혜가 우리를 만나는 자리로 안내해줄 것이다.

그렇다고 해서 여기서 말하고 있는 싸움이 끝날 것이라고 말하고 싶은 생각은 없다. 싸움이 없는 곳에 은혜가 임할 수는 없는 법이다. 회심한 일이 없는 사람에게만 싸움이 없다. 은혜를 온전히 알게 되면 싸움이 그칠 것이란 말은, 영혼의 고통만을 안겨줄 뿐이다. 싸움이 진행되어 가면서, 사람은 율법이 신령한 줄 알지만 자신은 "육신에 속하여 죄 아래에" 팔린 것을 더욱 선명하게 보게 된다. 게다가 하나님의 사랑을 자신을 향한 것으로 체험하지 못하고 있는 상태에 있는 사람은 "오호라 나는 곤고한 사람이로다!"라고 부르짖지 않을 수가 없다.

진실한 이성의 작용이 있는가?

193

이러한 경험을 통과하고 있는 사람의 영혼 속에는 하나님의 은혜에 대한 믿음이 없다는 것은 분명하다. 그리스도 안에서 나를 향해 가지고 계신 하나님의 은혜를 전혀 보지 못하고 있다. 왜냐하면 영혼이 그것을 이해하게 되면, 새 사람의 기능들이 본래 목적을 따라서 작용하게 될 것이고, 그렇다면 완전한 평안이 찾아오게 될 것이기 때문이다. 여전히 싸움이 있을지라도, 영혼은 평안을 누리는 상태에 들어간다. 이제부터 전쟁은 우리에게 속한 것이 아니요 주님께 속한 것이 되기 때문이다.

나를 향한 하나님의 마음이 무엇인지 나는 어떻게 알 수 있는가? 나 자신을 탐구함으로써 아는 것인가? 결코 그렇지 않다. 설사 내 속에 선한 것이 있음을 발견했을지라도, 그 때문에 하나님이 내 속을 살피시도록 한다면, 그것이 은혜가 되겠는가? 거기엔 이성의 작용에 의한 다소 진실이 있을 수는 있다. 사실 만일 나의 영혼 속에 생명이 있다면, 열매는 나타날 것이다. 그럴지라도 내 속에 있는 악이 나로 평안을 누리는 것을 방해한다는 것을 아는 것 외엔, 나에게 위안을 주는 것은 없다. 진실한 이성의 작용이 있다면, 사도 바울이 말한 "율법은 신령한 줄 알거니와 나는 육신에 속하여,"(14절) 그리고 "오호라 나는 곤고한 사람이로다!"(24절)라고 부르짖는 것이 무엇인지를 체감하게 될 것이다. 여기엔 전혀 은혜에 대한 이해가 없다.

은혜가 있다는 사실이 우리를 이 모든 괴로움에서 건져주는가? 그렇지 않다. 우리에게 승리를 가져다줄 은혜가 있지만, 그럼에도 우리가 죄악된 몸 안에 있기 때문에, 이 몸 안에 있는 동안에는 육신과 성령 사이의 싸움이 계속될 것이란 사실을 부정할 순 없다. 하나님이 나를 위하신다는 사실을 확신하고 있는 가운데서도 이 싸움은 계속될 것이다. 그럼에도 나는 이제 "은혜 아래" 있다. 이 상태는 나는 "율법 아래" 있기에 하나님이 나를 대적하신다는 생각으로 두려워하는 상태와는 전혀 다른 것이다.

만일 내 속에 악이 있는 것을 보고, (비록 악이 그 열매를 나타내지 않을지라도, 여전히 악의 뿌리는 남아 있기에 이 상태는 반복될 수 있다.) 그 때문에 하나님이 나를 대적하실 거라고 생각한다면, 나는 싸울 힘이 없을 것이고, 다만 전적으로 좌절한 상태에서 나를 다시 받아주시기만을 탄식하며 간구하게 될 것이다. 하지만 만일 하나님이 나를 위하신다는 것을 확신하고, 이 사실을 의식하게 되면, 이것은 나에게 힘을 주고, 승리를 안겨줄 것이다. 그렇다면 나는 비로소 "하나님이여 나를 살피사 내 마음을 아시며 나를 시험하사 내 뜻을 아옵소서 내게 무슨 악한 행위가 있나 보시고 나를 영원한 길로 인도하소서."(시 139:23,24)라고 말할 수 있게 된다. 하나님의 사랑과 은혜를 확신하는 가운데, 나는 하나님께 나에게 무슨 악이 있는지를 살펴주시기를 담대히 요구할 수 있는 상태에 이르게 된 것이다. 혹 그렇게 발견된 악이 나를 절망상태에 빠뜨리는 것으로 작용한다면, 나는 감히 그것을 구하지 않을 것이다. 하나님은 이제 나의 친구이시다. 하나님은 내 속에 있는 악은 대적하시지만, 나 자신은 위하신다.

은혜의 광대함의 끝

194

사도 바울은 "육신의 생각은 하나님과 원수가 된다"고 말하고 있다(롬 8:7). 이제 하나님의 아들 예수님을 우리에게 선물로 주신 하나님께서 이처럼 복된 진리를 소개하셨다. 사람이 하나님과 원수 상태에 있었을 때, 하나님은 사람을 향해 사랑을 나타내셨다. 우리의 적대감은 하나님의 사랑에 의해서 용해되었다. 은혜의 승리가 여기서 나타났다. 사람의 적대감이 예수님을 지구상에서 축출했을 때, 하나님의 사랑은 바로 그 행위로 말미암아 구원을 가져오셨다. 그리스도를 거절한 사람들의 죄에 대한 속죄가 이루어졌기 때문이다. 사람의 죄가 일으킨 완전한 결과를 보면서 믿음은, 동시에 하나님의 은혜가 일으킨 완전한 결과를 본다. 믿음은 사람의 죄가 일으킨 가장 극심한 결과와 하나님을 그토록 미워한 결과를 어디서 보는가? 십자가에서 본다. 동시에 믿음은 거기서 하나님의 승리에 찬 사랑과 사람을 향한 자비의 광대함을 본다. 예수님의 옆구리를 찌른 백부장의 창끝은 그러한 하나님의 사랑과 자비가 흘러나오게 했다.

이제 사도 바울은 전에 하나님과 원수관계에 있던 사람들이 이제는 하나님의 후사가 되었다는 사실을 보여주고 있다. 이것을 아는 지식은 은혜를 아는 지식에서 나온다. "너희는 다시 무서워하는 종의 영을 받지 아니하고 양자의 영을 받았다."(롬 8:15) 은혜는 우선적으로 우리를 하나님의 자녀로 삼았고, 이제 이처럼 고상한 지식을 알게 해준다. 우리는 이제 하나님의 후사들이다.

우리를 향한 은혜의 광대함은 과연 그 끝이 어디인가? 은혜는 주 예수님이 받으신 것과 동일한 분깃을 우리에게 주었다. 우리는 "상속자 곧 하나님의 상속자요 그리스도와 함께 한 상속자이다."(롬 8:17) 은혜는 우리가 아직 죄 가운데 있었을 때, 우리를 찾아와서 그 자리에서 우리를 건져주었을 뿐만 아니라, 은혜는 지금 그리스도께서 들어가신 그 자리에 우리를 넣어주었다. 우리는 하나님으로서 그리스도의 본질적인 영광에는 참여하지 못하지만, 그 외에 모든 것에서 주 예수 그리스도와 동일시되고 있다. 우리 영혼은 하나님의 온전한 사랑을 인식할 수 있는 자리에 들어왔으며, 따라서 로마서 5장에서는 우리가 "하나님 안에서 또한 즐거워하느니라"(11절)고 말하고 있다.

만일 내가 하나님의 사랑을 조금이라도 의심하거나 주저하게 되면, 은혜에서 멀어지게 된다. 그렇다면 나는 행복하지 않다고 말할 수밖에 없을 것이다. 왜냐하면 나는 내가 바라는 상태에 있지 않기 때문이다. 하지만 사랑하는 친구들이여, 이것이 문제가 아니다. 진짜 문제는, 과연 하나님이 우리가 닮기를 바라는 그분이신가, 과연 예수님이 우리가 소망하는 전부인가에 있다. 만일 우리가 누구인가를 제대로 인식하고, 우리 자신의 실상을 알게 되면, 다른 그 어떤 효과보다, 우리를 겸손하게 해주고, 하나님이 어떤 분이신가에 대한 경외하는 마음이 커지게 되며, 그 결과 우리는 순전한 은혜의 터 위에 견고하게 서게 된다. 그러한 인식이 가져다주는 즉각적인 효력은 우리 마음을 하나님에게 연결시켜 주고 또 이 모든 것에 흘러넘치는 하나님의 은혜에 접속하게 해준다는 것이다.

은혜가 우리 영혼 속에 완전한 평안을 주지만, 그렇다고 우리를 슬픔에서 면제시켜주지는 않는다. 주 예수님도 이 땅에 계시는 동안, 주님을 둘러싼 슬픔과 탄식을 온전히 경험하셨고, 그래서 "슬픔의 사람이었으며 질고를 아는 분"(사 53:3)이셨다. 주님이 느끼신 것과 마찬가지로 성도는 이 세상에 있는 악의 무게를 동일하게 느낄 수밖에 없고, 따라서 슬픔의 사람일 수밖에 없다. 우리가 은혜 안에 거하고 있다면, 그와 비례해서 우리는 세상에 있는 악의 무게를 느끼게 되고, "피조물이 다 이제까지 함께 탄식하며 함께 고통을 겪고 있는 것"(롬 8:22)에 공감하면서 함께 탄식하게 될 것이다. 그뿐 아니라, 몸 안에 있는 우리는 "속으로 탄식하면서 양자 될 것 곧 우리 몸의 구속을"(롬 8:23) 간절히 사모하면서 기다리게 될 것이다.

자신을 둘러싼 옛 창조의 상태 때문에 더욱 깊은 탄식을 느낄 수밖에 없는 새로운 피조물이 된 사람

195

이렇게 탄식하는 것이 우리가 구원받을 것에 대한 불확실성 때문인가? 그렇지 않다. 오히려 그 반대이다. "만물이 우리의 것"이란 사실이 우리로 하여금 탄식하게 만든다는 것은 너무도 분명하다. 장차 영광에 들어갈 것을 확신하고, 장래의 영광을 미리 맛보는 일은, 이 땅에서 일어나는 반대적인 상황 때문에, 모든 것을 고통스럽게 한다. 그리스도인에게 그러한 자격이 주어졌다는 것과 자신을 둘러싼 모든 상황이 실제로는 너무도 다르다는 사실 때문에, 자신이 하나님의 임재 가운데 거하는 즐거움을 알면 알수록, 자신이 현재 하나님의 사랑과 은혜를 가지고 있다는 사실을 이해하면 할수록, 자신이 영광에 이르도록 예정되었다는 자신의 복을 깨달으면 깨달을수록, 더욱 깊은 영혼의 탄식을 경험하게 될 것이다.

이것은 그저 편안한 양심을 가진 사람이 경험하는 탄식과는 얼마나 다른 것인가? 사랑하는 친구들이여, 이 부분에서 실수해서는 안된다. 이 두 가지를 혼동해서도 안된다. 하나는 로마서 8장 상태에서 정죄에서 완전한 자유를 얻은 사람에게서 나오는 탄식이지만, 다른 하나는 로마서 7장 상태에서 "오호라 나는 곤고한 사람이로다!"라고 부르짖는 사람의 고통스러운 양심에서 나오는 탄식이다. 경솔한 행실과 그로 인한 은혜 감각의 상실은, 전에 구속의 능력 위에 서있던 사람을 악한 자의 불화살의 공격에 노출시킬 수 있다. 그럼에도 이것은, 전에 언급했듯이, 온전한 그리스도인의 경험은 아니다. 우리 마음이 그리스도의 풍성한 복으로 충만해있다면, 다시금 자기 영혼을 갉아먹는 이전 상태로 돌아가지 않을 것이다.

"그리스도 예수 안에 있는 자에게는 결코 정죄함이 없다"(롬 8:1)는 사실을 아는 것은 그리스도인으로서 우리의 특권이다. "그리스도 예수 안에 있는 생명의 성령의 법이 죄와 사망의 법에서 나를 해방하였기 때문이다."(롬 8:2) 하지만 우리는 여기서 멈추어서는 안된다. 우리는 계속해서 우리가 하나님의 아들이며, 하나님의 후사이며, 그리스도와 공동 후사이며, 성령님께서 그 사실을 우리에게 증언해시는 것을 알아가야 한다. 하나님은 "우리를 그리스도 안에서 굳건하게 하셨고, 우리에게 기름을 부으셨고" 또한 "우리 마음에 성령의 보증을 주셨다."(고후 1:21,22) 하나님이 사랑 안에서 우리를 향해 가지고 계신 생각을 온전히 알고, 예수님의 형상을 본받고 또 그리스도의 영광에 참여하도록 우리를 예정하신 것과 그 영광에 이르도록 지금 우리를 빚어가는 하나님의 사랑을 이해하고, 지금은 영광 중에 있지 않고 다만 몸 안에 있으며, 악한 세상 가운데, 모든 피조물이 탄식하는 가운데 있음을 알면 알수록, 그에 비례해서 우리는 더욱 탄식하게 될 것이다. "우리 곧 성령의 처음 익은 열매를 받은 우리까지도 속으로 탄식하여 양자 될 것 곧 우리 몸의 속량을 기다리느니라."(롬 8:23) 우리가 속으로 탄식하는 이유는, 나쁜 양심 때문이 아니라 오히려 우리가 성령의 처음 익은 열매를 받았기 때문이다. 그렇다면 이러한 탄식은 우리 속에 있는 그리스도의 영의 탄식인 것이다.

하나님만을 의지하라

196

이제 이러한 새로운 피조물로서의 탄식은 하나님 안에 우리가 갖는 확신과 동반해서 항상 나타난다. 나사로의 무덤 앞에서 "심령에 비통히 여기시고 불쌍히 여기셨던" 예수님을 생각해보라. 그럼에도 예수님은 "아버지여 내 말을 들으신 것을 감사하나이다 항상 내 말을 들으시는 줄을 내가 알았나이다."(요 11:41,42)라고 말씀하셨다. 마찬가지로 성도들에게도 이러한 확신이 주어졌다. 요한일서 5장 14,15절을 보라. "그를 향하여 우리가 가진 바 담대함이 이것이니 그의 뜻대로 무엇을 구하면 들으심이라 우리가 무엇이든지 구하는 바를 들으시는 줄을 안즉 우리가 그에게 구한 그것을 얻은 줄을 또한 아느니라." 이러한 확신은, 우리가 마땅히 기도할 바를 알지 못할 때에도 상실되지 않는다. 왜냐하면 우리는 "모든 것이 합력하여 선을 이룰 줄을"(롬 8:28) 알기 때문이다. 어쩌면 내 속에서 악을 볼지도 모른다. 어쩌면 다른 성도에게서도, 교회 안에서도 볼 수 있다. 그래서 그에 대해 기도하지만, 그럼에도 무엇으로 치유할 수 있는지에 대한 충분한 지식이 없을 수가 있다. 그러한 때에 성령님이 나의 연약을 도우시며, 또한 내 속에서 탄식하신다. 하나님은 나의 무지를 책망하시는 것이 아니라, "성령의 생각"을 따라서 응답하신다. 왜냐하면 성령님은 항상 "하나님의 뜻대로 성도를 위하여 간구하시기"(롬 8:27) 때문이다. 이제 나는 모든 일에 하나님이 인도하실 것을 확신할 수 있으며, 게다가 나는 "모든 것이 합력하여 선을 이룰 줄을" 확신하노라고 말할 수 있다. 이것이 과연 나의 영혼의 상태인가? 고통, 슬픔, 낙심, 시련이 올지라도, 모든 것이 평안하다. 왜냐하면 이제 우리 영혼은 나 자신을 의지하지 않고 하나님을 의지하고 있기 때문이다.

우리 영혼의 탄식은 하나님의 광대한 사랑을 아는 지식과 모든 것이 그리스도 안에 있는 우리에게 속해 있다는 의식에서 흘러나온다. 예수님은 하나님의 임재와 하나님의 호의를 누리는 것이 무엇인지 온전히 아셨지만, 그럼에도 탄식하셨다. 왜냐하면 하나님의 임재 가운데서 오신 주님은 사람이 그 임재에서 떠나 있는 것을 보셨기 때문이다. 이제 나는 율법 아래 있는 자로서 책임이 아니라, 그리스도 안에 있는 자로서 내가 지금 소유하고 있는 생명을 통해서 나의 정체성이 확립된 사람이다. 나 자신을 율법 아래 있는 자로 봄으로써 곤고하고 비참한 상태에 떨어지는 대신, 이제 나는 완전한 구속을 알고, 은혜 가운데 마음의 쉼을 얻고, 하나님의 영광을 바라고 즐거워하는 사람이 되었다. 우리가 그리스도의 영광을 우리 자신의 것으로 바라보는 순간, 이 세상은 비참하고 종노릇하는 모습으로 우리에게 더욱 다가올 것이다.

그리스도만을 바라보라

197

악의 존재 때문에 일어나는 이러한 탄식은 항상 사랑과 연합을 이루게 된다. 예를 들어서, 만일 내가 죄를 짓고 있는 성도를 본다면, 그 일은 즉시 나로 하여금 그가 죄를 지으면서 등지고 있는 사랑과 은혜를 바라보도록 해준다. 나로 하여금 성도를 바라보고, 그에 대해서 염려하는 마음을 갖게 하는 것은 하나님의 호의를 의식하고 있기 때문이다. 그렇다면, 나는 그의 죄를 근심하는 중에도, 슬픔을 느끼는 가운데서도 나는 하나님 안에서 즐거워할 수 있다.

사랑하는 친구들이여, 정말 이러한 것들이 사실이라면, 정말 은혜가 우리를 이 자리에 들어오게 해준 것이 사실이라면, 이제 질문을 하고자 한다. 이것이 당신에게도 이루어졌는가? 만일 하나님이 순전한 사랑, 즉 우리를 향한 사랑 외엔 아무 것도 아닌 것이 사실이라면, 하나님에게는 다중적인 감정이 없으시다면, 그럼에도 당신에겐 충만한 기쁨이 없고, 하나님 앞에서 당신의 신분에 대해서 당신 영혼 속에 주저함이 있다면, 당신은 하나님의 은혜 속에서 영혼의 쉼을 누릴 수 없을 것이다.

어찌 당신 마음 속에는 불신과 고뇌가 있는 것인가? 혹 당신은 여전히 "내가 또는 내 생각에는"이란 말을 되풀이하면서, 하나님의 은혜는 보지 못하고 있는 것은 아닌가? 당신은 믿음을 가질 필요가 있지만, 하나님의 은혜를 바라보는 마음의 단순함을 더욱 필요로 하고 있다. 우리 자신이 누구인가 보다는 하나님이 누구신가 또 무엇을 하실 수 있는 분이신가에 대해서 더 많이 생각하는 것이 좋다. 이렇게 나 자신만을 바라보는 것, 밑바닥에는 교만이 깔려 있는 법이다. 그렇다면 내 손에는 선한 것이 전혀 없다는 인식이 절대적으로 부족한 것이다. 우리가 나 자신에 대한 실상을 제대로 볼 수 있을 때까지, 우리는 결코 나 자신에게서 눈을 돌려 하나님만을 바라보는 일은 불가능하다. 때때로 우리 자신의 악을 직시하는 것은 부분적으로는 나 자신의 실상을 보도록 돕는 도구가 되기도 한다. 하지만 이 일이 정말 필요한 교훈의 전부는 아니다. 그리스도를 바라보는 일은, 우리 자신을 잊게 해주는 우리 그리스도인만의 특권이다. 참된 겸손은 우리 자신에 대해서 전혀 생각하지 않을 뿐만 아니라, 우리 자신의 나쁜 점도 생각하지 않을 때 가능하다. 나는 너무도 나쁜 존재여서 생각할만한 가치가 전혀 없다. 내가 바라는 것은, 나 자신은 잊고 진정 나의 생각을 사로잡을만한 가치가 있으신 그리스도만을 바라보는 것이다. 우리 자신을 생각해볼 때 겸손해질 필요를 느끼는가? 우리 대부분은 그렇다고 느낄 것이다.

사랑하는 여러 형제자매들이여, 만일 우리가 로마서 7장에서처럼, "내 속 곧 내 육신에 선한 것이 거하지 아니하는 줄을 아노니"라고 말할 수 있다면, 우리는 우리 자신에 대해서 충분히 오랫동안 생각해온 것이다. 그렇다면 우리는 더 이상 우리 자신에 대해서 생각하지 말고, 이제 "재앙이 아니라 곧 평안이요 우리 장래에 소망을"(렘 29:11) 주고자 하시는 하나님에 대해서만 생각하도록 하자. 그리고 우리를 향한 하나님의 은혜로우신 생각이 무엇인지 제대로 이해하고, "하나님이 우리를 위하시면 누가 우리를 대적하리요?"라는 믿음의 말씀을 붙들도록 하자.

형제들의 집 도서 안내

1. 조지 뮐러 영성의 비밀
   조지 뮐러 지음/이종수 옮김/값 1,000원
2. 수백만을 감동시킨 사람을 감동시킨 바로 그 사람: 헨리 무어하우스
   존 A. 비올리 지음/이종수 옮김/값 1,000원
3. 내 영혼의 만족의 노래
   W.T.P 윌스톤 지음/이종수 옮김/값 1,000원
4. 모든 일을 하나님의 영광을 위하여 하라
   해리 아이언사이드 지음/이종수 옮김/값 1,000원
5. 잃어버린 영혼을 위해서 어떻게 기도해야 하는가
   오스왈드 샌더스, 찰스 스펄전 지음/이종수 옮김/값 1,000원
6. 윌리암 켈리의 로마서 복음의 진수
   윌리암 켈리 지음/이종수 옮김/값 5,000원
7. 이것이 거듭남이다[개정판]
   알프레드 깁스 지음/이종수 옮김/값 9,000원
8. 존 넬슨 다비의 영성있는 복음
   존 넬슨 다비 지음/이종수 옮김/값 5,000원
9. 로버트 클리버 채프만의 사랑의 영성
   로버트 C. 채프만 지음/이종수 옮김/값 5,000원
10. 영성을 깊게 하는 레위기 묵상
    C.H. 매킨토시 외 지음/이종수 옮김/값 5,000원
11. 존 넬슨 다비의 성경주석: 빌립보서
    존 넬슨 다비 지음/이종수 옮김/값 5,000원
12. 존 넬슨 다비의 히브리서 묵상
    존 넬슨 다비 지음/정병은 옮김/값 9,000원
13. 조지 커팅의 영적 자유
    조지 커팅 지음/이종수 옮김/값 4,000원
14. 윌리암 켈리의 해방의 체험
    윌리암 켈리 지음/이종수 옮김/값 3,000원
15. 존 넬슨 다비의 성경주석: 골로새서
    존 넬슨 다비 지음/이종수 옮김/값 7,000원
16. 구원 얻는 기도
    이종수 지음/값 5,000원
17. 영혼의 성화
    프랭크 빈포드 호올 지음/이종수 옮김/값 1,000원
18. 당신은 진짜 거듭났는가?
    아더 핑크 지음/박선희 옮김/값 4,500원
19. C.H. 매킨토시의 완전한 구원
    C.H. 매킨토시 지음/이종수 옮김/값 4,600원

20. 존 넬슨 다비의 하나님의 뜻을 분별하는 법
존 넬슨 다비 지음/이종수 옮김/값 1,000원
21. 존 넬슨 다비의 성경주석: 요한계시록
존 넬슨 다비 지음/이종수 옮김/값 10,000원
22. 주 안에 거하라
해밀턴 스미스, 허드슨 테일러 지음/이종수 옮김/ 값 1,000원
23. C.H. 매킨토시의 하나님의 선물
C.H. 매킨토시 지음/이종수 옮김/값 4,000원
24. 존 넬슨 다비의 성경주석: 에베소서
존 넬슨 다비 지음/이종수 옮김/값 8,000원
25. 존 넬슨 다비의 영적 해방
존 넬슨 다비 지음/문영권 옮김/값 7,000원
26. 건강하고 행복한 그리스도인이 되는 법
어거스트 반 린, J. 드와이트 펜테코스트지음/ 값 1,000원
27. 존 넬슨 다비의 성경주석: 로마서
존 넬슨 다비 지음/문영권 옮김/값 12,000원
28. 존 넬슨 다비의 성화의 길
존 넬슨 다비 지음/이종수 옮김/값 4,500원
29. 기독교 신앙에 회의적인 사랑하는 나의 친구에게
로버트 A. 래이드로 지음/박선희 옮김/값 5,000원
30. 이수원 선교사 이야기
더글라스 나이스웬더 지음/이종수 옮김/값 5,000원
31. 체험을 위한 성령의 내주, 그리고 충만
조지 커팅 지음/이종수 옮김/값 4,500원
32. 존 넬슨 다비의 성경주석: 갈라디아서
존 넬슨 다비 지음/이종수 옮김/값 4,800원
33. 존 넬슨 다비의 성경주석: 요한서신서·유다서
존 넬슨 다비 지음/문영권 옮김/값 8,000원
34. 존 넬슨 다비의 성경주석: 데살로니가전·후서
존 넬슨 다비 지음/이종수 옮김/값 8,000원
35. 그리스도와의 연합과 구원(성경공부교재)
문영권 지음/값 2,500원
36. 그리스도와의 연합과 성화(성경공부교재)
문영권 지음/값 3,000원
37. 사도라 불린 영적 거장들
이종수 지음/값 7,000원
38. 당신은 진짜 하나님을 신뢰하는가
조지 듈러 지음/ 이종수 옮김/값 4,500원

39. 그리스도와 연합된 천상적 교회가 가진 영광스러운 교회의 소망
　　　　　　　　　　　　　　　존 넬슨 다비 지음/ 문영권 옮김/ 값 13,000원
40. 가나안 영적 전쟁과 하나님의 전신갑주
　　　　　　　　　　　　　　　존 넬슨 다비 지음/ 이종수 옮김/ 값 2,000원
41. 죄 사함, 칭의 그리고 성화의 진리
　　　　　　　　　　　　　　　고든 헨리 헤이호우 지음/ 이종수 옮김/ 값 2,000원
42. 하나님을 찾는 지성인, 이것이 궁금하다!
　　　　　　　　　　　　　　　　　　　　　김종만 지음/ 값 10,000원
43. 이것이 그리스도의 심판대이다
　　　　　　　　　　　　　　　　　　　　　이종수 엮음/ 값 8,000원
44. 존 넬슨 다비의 성경주석: 마태복음
　　　　　　　　　　　　　　　존 넬슨 다비 지음/이종수 옮김/값 16,000원
45. C.H. 매킨토시의 하나님에 관한 진실
　　　　　　　　　　　　　　　C.H. 매킨토시 지음/이종수 옮김/값 1,000원
46. 존 넬슨 다비의 성경주석: 여호수아
　　　　　　　　　　　　　　　존 넬슨 다비 지음/문영권 옮김/값 8,000원
47. 찰스 스탠리의 당신의 남편은 누구인가
　　　　　　　　　　　　　　　찰스 스탠리 지음/이종수 옮김/값 4,000원
48. 존 넬슨 다비의 성령론
　　　　　　　　　　　　　　　존 넬슨 다비 지음/이종수 옮김/값 13,000원
49. 존 넬슨 다비의 영적 해방의 실제
　　　　　　　　　　　　　　　존 넬슨 다비 지음/이종수 옮김/값 5,000원
50. 존 넬슨 다비의 주요사상연구: 다비와 친구되기
　　　　　　　　　　　　　　　　　　　　　문영권 지음/값 5,000원
51. 존 넬슨 다비의 죽음 이후 영혼의 상태
　　　　　　　　　　　　　　　존 넬슨 다비 지음/이종수 옮김/값 5,000원
52. 신학자 존 넬슨 다비 평전
　　　　　　　　　　　　　　　　　　　　　이종수 지음/ 값 7,000원
53. 존 넬슨 다비의 요한복음 묵상
　　　　　　　　　　　　　　　존 넬슨 다비 지음/이종수 옮김/값 8,000원
54. 프레드릭 W. 그랜트의 영적 해방이란 무엇인가
　　　　　　　　　　　　　　　프레드릭 W. 그랜트 지음/이종수 옮김/값 4,500원
55. 홍해와 요단강을 통해서 나타난 하나님의 구원
　　　　　　　　　　　　　　　윌리암 켈리 지음/ 이종수 옮김/ 값 4,800원
56. 그리스도와의 연합을 위한 성령의 역사
　　　　　　　　　　　　　　　윌리암 켈리 지음/ 이종수 옮김/ 값 19,000원
57. 누가, 그리스도인인가?
　　　　　　　　　　　　　　　시드니 롱 제이콥 지음/ 박영민 옮김/ 값 7,000원

58. 선교사가 결코 쓰지 않은 편지
                         프레드릭 L. 코신 지음 / 이종수 옮김/ 값 9,000원
59. 사랑의 영성으로 성자의 삶을 살다간 로버트 채프만
                         프랭크 홈즈 지음 / 이종수 옮김/ 값 8,500원
60. 므비보셋, 룻, 그리고 욥 이야기
                         찰스 스탠리 지음 / 이종수 옮김/ 값 7,500원
61. 구원의 근본 진리
                         에드워드 데넷 지음 / 이종수 옮김/ 값 6,500원
62. 회복된 진리, 6+1
                         에드워드 데넷 지음/ 이종수 옮김/ 값 6,000원
63. 당신의 상상보다 더 큰 구원
                         프랭크 빈포드 호올 지음/ 이종수 옮김/ 값 6,500원
64. 뿌리 깊은 영성의 그리스도인으로 사는 법
                         찰스 앤드류 코우츠 지음/ 이종수 옮김/ 값 9,000원
65. 천국의 비밀 : 천국, 하나님 나라, 그리고 교회의 차이
              프레드릭 W. 그랜트 & 아달펠트 P. 세실 지음/이종수 옮김/ 값 7,000원
66. 존 넬슨 다비의 성경주석: 베드로전 · 후서
                         존 넬슨 다비 지음/장세학 옮김/ 값 7,500원
67. 존 넬슨 다비의 영광스러운 구원
                         존 넬슨 다비 지음/이종수 엮음/ 값 15,000원
68. 어린양의 신부
                W.T.P. 월스톤 & 해밀턴 스미스 지음/ 박선희 옮김/ 값 10,000원
69. 성경에서 말하는 회심
                         C.H. 매킨토시 지음/ 이종수 옮김/ 값 6,000원
70. 십자가에서 천년통치에 이르는 그리스도의 길
                         존 R. 칼드웰 지음/ 이종수 옮김/ 값 7,500원
71. 그리스도와의 연합이란 무엇인가?
                         에드워드 데넷 지음/ 이종수 옮김/ 값 9,000원
72. 하늘의 부르심 vs. 교회의 부르심
                         존 기포드 벨렛 지음/ 이종수 옮김/ 값 16,000원
73. 당신은 진짜 새로운 피조물인가
                         존 넬슨 다비 외 지음/ 이종수 옮김/ 값 12,000원

제2의 종교개혁 '형제운동', 교회 역사상 빌라델비아(형제사랑)교회 시대를 열었던

플리머스 형제단의 영성을
책으로 만난다!

"오, 아무 것도 소유하지 않고,
아무 것도 되지 않고,
아무 것도 보지 않고,
오직 영광 중에 살아계신 그리스도만을 보며,
그리스도께서 이 땅을 향해 관심하신 것만을 관심하는 기쁨이여!"
- 존 넬슨 다비

존 넬슨 다비
(John Nelson Darby, 1800-1882)

"그리스도를 전파하는 사람은 많지만
그리스도를 살아내는 사람은 많지 않다.
내 생애 큰 목표는 그리스도로 사는 것이다."
- 로버트 채프만

로버트 채프만
(Robert C. Chapman, 1803-1

"나에게는 내가 죽은 날이 있었다. 그 날은 바로 조지 뮬러가,
자신의 의견, 선호, 취향, 의지에 대해 죽은 날이요,
세상과 세상의 인정 혹은 비난에 대해서 죽은 날이다.
나는 심지어 나의 형제들 혹은 친구들의 인정과 비난에 대해서도
죽었다. 그때로부터 나는 오직 하나님께 인정받는 일꾼으로만
드러나도록 힘썼다."
- 조지 뮬러

거듭남, 영적 해방, 그리스도와의 연합의 진리를 펴내는
형제들의

조지 뮬러
(George Muller, 1806-1898)

홈페이지 http://www.brethrenhouse.c
다음, 카페 http://cafe.daum.net/BrethrenH

평생 후원 & 평생 회원 모집

제 2의 종교개혁으로 불린 "형제단 운동", 교회 역사상 빌라델비아(형제사랑) 교회 시대를 열었던 플리머스 형제단의 영성을 고스란히 담아 출판해온 형제들의 집에서 평생 후원 및 평생 회원을 모집합니다.

플리머스 형제단의 저서들은 성경에 계시된 칭의, 성화, 영화의 진리가 우리 삶에 깊이 역사하게끔 해줌으로써, 이 시대를 변화시킬 영적 역량과 영성을 가진 하나님의 사람으로 변화시켜주는 힘이 있습니다. 뿐만 아니라 진정으로 거듭난 모든 사람들의 바램인 성화의 삶을 가능케 해주는 원동력으로써, 영적 해방과 그리스도와의 연합의 진리를 경험적으로 알도록 이끌어줍니다.

앞으로 존 넬슨 다비, 윌리암 켈리, 찰스 매킨토시, 존 기포드 벨렛, 찰스 스탠리, 해밀턴 스미스, 앤드류 밀러 등 영적 거장들의 저자들 가운데 최고의 작품은 모두 출판하고자 하며, 이 사역을 완주할 수 있도록 기도와 후원을 부탁드립니다.

- 향후 출판 계획-

1. 제2의 종교개혁 - 플리머스 형제단 이야기. 앤드류 밀러.
2. 내게 사는 것이 그리스도니. 존 넬슨 다비.
3. 바울의 에베소서 기도. 존 넬슨 다비.
4. 마태복음의 진수. 존 넬슨 다비.
5. 영광스러운 교회. 존 넬슨 다비.
6. 존 넬슨 다비 성경주석시리즈 - 고린도전후서. 존 넬슨 다비.
7. 존 넬슨 다비 성경주석시리즈 - 디모데전후서. 존 넬슨 다비.
8. 존 넬슨 다비 성경주석시리즈 - 다니엘서. 존 넬슨 다비.
9. 찰스 매킨토시 전기
10. 윌리암 켈리 전기
11. 존 넬슨 다비 전기
12. 존 넬슨 다비의 새번역 성경 등

후원 방법 및 회원 특전

1. **정회원 :** 매월 1만원 이상 자동이체 후원자
2. **정회원 특전 :**
   1) 신간 나올 때마다 자동 우편 발송
   2) 존 넬슨 다비 주석 11권 무료 증정
   3) 영적 해방 및 그리스도와의 연합 세미나 참석
3. **후원 방법 :**
   1) 본인이 은행에 가서 자동이체 신청
   2) 인터넷 뱅킹(또는 스마트 뱅킹)을 통해서 자동이체 신청
   3) 1회분 입금 확인후 다비주석 11권 발송

4. **후원 계좌 및 자동이체 계좌 :**
국민은행 356-21-0238-433 예금주 : 이종수
우리은행 1002-035-797890 예금주 : 이종수
농협 369-02-132172 예금주 : 이종수

다비신학연구원 등록 안내

1. 설립 취지

19세기 일어난 제2의 종교개혁으로 불린 형제단 운동의 신학의 초석을 놓았던 신학자 존 넬슨 다비(John Nelson Darby)의 신학을 연구, 보급함으로써 그리스도와의 연합을 통해서 하늘에 속한 영성을 갖춘 그리스도인으로 육성하는 복음주의 기독교 신학연구원이다.

2. 교육방향

(1) 본 신학연구원은 하나님의 영원하신 경륜 가운데 하나님의 구원을 이루고 있는 진리의 네 기둥을 중심으로 교육함으로써, 가장 성서적인 의미에서의 하나님 나라를 건설하고 또한 그리스도의 몸 안에서 사역하는 역량을 갖춘 철저한 그리스도인을 육성하는 교육 기관이다.

(2) 여기서 진리의 네 기둥이라 함은, 신구약 성경에서 계시하고 있는 구원론을 이루는 거듭남, 죄 사함, 영적 해방, 그리고 그리스도와의 연합의 진리를 의미한다. 이 네 가지 기둥 가운데 하나라도 부실하게 되면, 성경에서 말하는 진정한 그리스도인의 삶을 살 수 없을뿐더러, 나약한 영성에 몸부림

치며 살아갈 수 밖에 없다. 그로 인해 나타나는 현상은 무법주의(고린도전후서), 율법주의(갈라디아서), 영지주의/신비주의/금욕주의/천사숭배주의(골로새서), 자포자기주의(로마서) 등에 빠지는 것이다.

(3) 신구약성경에서 계시하고 있는 구원론은 진리의 네 기둥에 기초하고 있으며, 이러한 구원론은 가장 성서적인 신론, 그리스도론, 성령론, 교회론, 종말론의 뼈대를 이룬다.

(4) 학과는 모두 네 가지로 구성되며, 이 네 가지 학과를 학습하게 되면, 가장 성서적인 구원론, 신론, 그리스도론, 성령론, 교회론, 종말론을 두루 학습하는 효과를 거둘 수 있다.

자세한 내용은 네이버 카페 공지 참조바랍니다. 네이버에서 "다비신학연구원"을 검색하세요.

영적 해방과 그리스도와의 연합 세미나

주제: 영적 해방과 그리스도와의 연합을
　　　어떻게 경험하는가?
장소: 강남역, 스터디 블룸
시간: 매주 월요일 저녁 7시-9시
자격: 정회원 이상
문의: 010-9317-9103

거듭남, 죄사함, 영적해방,
그리고 그리스도와의 연합의 진리의 보고(寶車)

형제들의집

대표전화 010-9317-9103, FAX (02) 2215-9583
E-mail: asharp@empas.com
홈페이지: brethrenhouse.co.kr
카페: cafe.daum.net/brethrenhouse
다비신학연구원: cafe.naver.com/darbytheologyinst

Originally published under the title of
"New Creation"
by John Nelson Darby
Copyright©Les Hodgett, Stem Publishing
7 Primrose Way, Cliffsend, Ramsgate, Kent, U.K.

Korean translation copyright
ⓒ 2015 by Brethren House, Korea
All rights reserved

당신은 진짜 새로운 피조물인가
ⓒ형제들의 집 2015

초판 발행 • 2015.06.03
지은이 • 존 넬슨 다비 외
엮은이 • 이 종 수
발행처 • 형제들의집
판권ⓒ형제들의집 2015
등록 제 7-313호(2006.2.6)
Cell. 010-9317-9103
홈페이지 http://brethrenhouse.co.kr
카페 cafe.daum.net/BrethrenHouse
ISBN 978-89-93141-73-3 03230

﹡값은 뒤표지에 있습니다.
﹡잘못된 책은 바꿔드립니다.
﹡서점공급처는 〈생명의말씀사〉입니다. 전화(02) 3159-7979(영업부)